Naissance de la nation en Europe

Du même auteur

Le Front National et ses répercussions sur l'échiquier politique français (2005).

(avec Howard Loewen, coéditeurs), *Issues of Democratic Consolidation in Romania* (2004).

(avec Mirela Bardi et Loredana Nabăr, coéditeurs), *Attitudes et perceptions des étudiants de l'Université Babes-Bolyai sur l'Union européenne* (2007) ; écrit en roumain.

(avec Oana Crăciun et Nicoleta Colopelnic), *Radicalism, Populism, Interventionism. Three Approaches Based on Discourse Theory* (2008 ; 2e édition en 2009).

(avec Chantal Delsol et Bertrand Alliot, coéditeurs), *Identités politiques et dynamiques partisanes en France* (2009).

© L'Harmattan, 2010
5-7, rue de l'École-polytechnique ; 75005 Paris

http://www.librairieharmattan.com
diffusion.harmattan@wanadoo.fr
harmattan1@wanadoo.fr

ISBN : 978-2-296-12348-9
EAN : 9782296123489

Sergiu Mișcoiu

Naissance de la nation en Europe

*Théories classiques
et théorisations constructivistes*

Questions Contemporaines
Collection dirigée par J.P. Chagnollaud,
B. Péquignot et D. Rolland

Chômage, exclusion, globalisation... Jamais les « questions contemporaines » n'ont été aussi nombreuses et aussi complexes à appréhender. Le pari de la collection « Questions Contemporaines » est d'offrir un espace de réflexion et de débat à tous ceux, chercheurs, militants ou praticiens, qui osent penser autrement, exprimer des idées neuves et ouvrir de nouvelles pistes à la réflexion collective.

Derniers ouvrages parus

Joëlle MALLET, Sophie GEORGES, *Une action sur l'emploi qui change tout*, 2010.
Alem SURRE-GARCIA, *La théocratie républicaine, Les avatars du Sacré*, 2010.
Asmara KLEIN, *La coalition « Publiez ce que vous payez ». Une campagne pour la gestion responsable des ressources naturelles*, 2010.
Olivier BATAILLE, *Les Apprentissages professionnels informels. Comment nous apprenons au travail pour se former toute sa vie*, 2010.
Stéphane ENGUÉLÉGUÉLÉ, *Justice, politique pénale et tolérance zéro*, 2010.
Marie-Christine ZÉLEM, Odile BLANCHARD, Didier LECOMTE (dir.), *L'éducation au développement durable. De l'école au campus*, 2010.
Robert HOLCMAN, *Euthanasie, l'ultime injustice*, 2010.
Gilbert BOUTTE, *Nicolas Sarkozy face à la crise*, 2010.
Edward GRINBERG, *L'intervalle. Vers une théorie du dynamisme créatif*, 2010.
Christian MARION, *Participation citoyenne au projet urbain*, 2010.
Albin WAGENER, *Identité(s). Essai à propos d'un fantôme*, 2010.
Jennifer FUKS, *L'anti-américanisme au sein de la gauche socialiste française*, 2010.
Florence SAMSON, *La femme : objet de la gent masculine et des diktats sociétaux*, 2010.

A Loredana et à Teodora

Remerciements

Les discussions que nous avons eues avec Chantal Delsol, Nicolae Păun, Edgar Morin, James Rosenau, Paul James, Jan-Art Scholte, Joseph Krulic, Ladislau Gyemant, Edit Szegedi, George Poede, Toader Nicoară, Ladislau Gyémant, Dumitru Sandu, Ovidiu Pecican et Codrin Tăut nous ont aidé à délimiter les bornes de notre objet de recherche et ont contribué à l'élaboration d'un cadre méthodologique interdisciplinaire. Nos remerciements se dirigent également vers les étudiants de la Faculté d'Etudes Européenne de l'Université Babeş-Bolyai de Cluj-Napoca (Roumanie) et du Master de Science Politique de l'Université Paris-Est Marne-la-Vallée (France), qui nous ont fait des observations très pertinentes dans le cadre des cours « Naissance de la nation en Europe » et « L'Etat-nation dans la mondialisation » que nous leurs avons dispensés entre 2005 et 2009. Nous remercions également Guillaume Zorgbibe pour son soutien éditorial et Emmanuel Banywesize pour la bienveillance et la patience d'avoir lu et corrigé le présent ouvrage.

SOMMAIRE

INTRODUCTION 9

QUELLE THEORIE POUR LA NATION ?
UN DEBAT THEORIQUE ET METHODOLOGIQUE .. 13

LA THÉORIE DE LA NATION COMME IDENTITÉ
COLLECTIVE 71

CONCLUSIONS 177

BIBLIOGRAPHIE 183

INTRODUCTION

Les approches théoriques concernant la naissance et l'évolution des nations ont connu les formes les plus variées. L'histoire, la sociologie, la psychologie, la philosophie, l'économie, la science politique, la linguistique et la sémiotique sont seulement les exemples les plus connus des disciplines qui se sont occupées de l'étude de la nation et qui ont produit des théories sur la constitution, l'essor et, dans certains cas, le déchirement des nations. La nation est ainsi un sujet décrit, débattu, approfondi, contesté, détesté, apprécié, analysé, théorisé, occulté...

Notre démarche théorique et interdisciplinaire peut paraître davantage ambitieuse si on tient compte du fait que la nation a bénéficié d'un traitement scientifique privilégié durant les cent cinquante dernières années. Notre ambition consiste dans le fait de proposer une théorisation de la naissance des nations en Europe occidentale en tant qu'identités collectives et de démontrer le bien-fondé de cette théorisation à travers des études et des exemples empiriques.

Les limites objectives d'une telle démonstration sont évidentes dès le début. Premièrement, il est certain qu'une démarche générale et théorique peut courir le risque de négliger les aspects particuliers, y compris des aspects qui sont essentiels mais qui relèvent des évolutions particulières de certains pays ou groupes humains. Pour limiter les dimensions d'un tel risque, nous allons essayer de formuler notre propos théorique de telle manière que le squelette du corpus ait la possibilité de s'adapter à une multitude de cas particuliers ; en d'autres mots, le fait de formuler un énoncé théorique schématique nous permettra d'intégrer des cas et des exemples assez différents.

En second lieu, étant donné le caractère interdisciplinaire et synthétique de l'approche, la théorisation que nous proposons risque de ne pas être suffisamment intelligible pour la communauté scientifique. Tout en assumant ce risque, nous proposons ouvertement une démarche qui brise les cadres trop étroits des théories intra-disciplinaires et nous osons le pari d'une démonstration reposant sur l'application des concepts qui relèvent de la sociologie politique dans l'analyse des développements historiques tels quels.

Enfin, la dernière limitation objective est, probablement, la plus sévère, puisqu'elle concerne l'utilité de notre démonstration. L'utilité d'une telle théorie pourrait être strictement scientifique – loin de ce qu'on appelle aujourd'hui, surtout dans la littérature anglophone, *problem-solving theory* ou *issue-oriented theory*. La compréhension des mécanismes constitutifs des premières nations européennes – l'objectif de notre travail – ne pourrait pas fournir les ressorts d'une action quelconque censée établir ou restaurer un certain ordre politique et ne serait pas capable de proposer des solutions pour les problèmes signalés et analysés. Au risque de ne pas nous trouver dans la lignée de l'esprit de l'époque, notre démarche est plutôt proche de l'idéal de la « science pour la science », comme une paraphrase de l'idéal également désuet de « l'art pour l'art ». L'utilité moins apparente de notre théorisation consiste peut-être dans son inutilité pratique apparente.

Le livre comprend deux parties qui correspondent aux deux objectifs majeurs que nous nous proposons – réaliser une analyse du cadre théorique existant et opérer une théorisation de la nation en tant qu'identité collective. Nous allons donc réaliser, en tout premier, un passage en revue critique et synthétique de la littérature et une démonstration de la nécessité d'une théorie identitaire de la nation (dans la première partie). La construction de cette théorisation et la présentation des arguments sociologiques, politiques et historiques qui soutiennent la viabilité de notre propos constituent les éléments essentiels de la seconde partie.

La contribution de cet ouvrage à la compréhension de la nation sera, sans aucun doute, intégrée dans une série d'ouvrages ayant pour objectif la redéfinition du cadre théorique de l'étude du phénomène national. Nos travaux antérieurs[1] ont préparé le « chantier théorique » de l'ouvrage présent, tandis que ce dernier préfigure lui-même les thèmes qui seront abordés dans les travaux ultérieurs qui auront comme préoccupation principale la théorisation du remodelage et de la recomposition contemporaine des espaces politiques nationaux.

---

[1] V. « Le libéralisme contre la nation. Une fausse route de l'analyse historique » in *Politeia* 7/2005 (Cahiers de l'Association française des auditeurs de l'Académie Internationale de Droit Constitutionnel) ; « The False Assumption of the Opposition Between the National and the European Self-Identifications » in Grigore VASILESCU (ed.), *Philosophy of European Unification*, Chisinau, Jean Monnet Project, 2004 ; « States and Nations » in Howard LOEWEN (ed.), *Theory of International Relations*, Cluj, Efes, 2005 (manuel) ; « Le nouveau flot d'extrémisme politique – le Front National » in *Studia Europaea* 1-2/2004, (Cluj) ; *Le Front National et ses répercussions sur l'échiquier politique français*, Cluj-Napoca, Efes, 2005 ; « *Habitus* et *Agence* dans le modelage théorique des formations des nations en Europe » in *Studia Europaea* 2/2008.

QUELLE THEORIE POUR LA NATION ?
UN DEBAT THEORIQUE ET METHODOLOGIQUE

> « *La nation* » *devrait avoir le* « *droit* » *à l'auto-détermination. Mais qui est cette* « *nation* » *et qui a l'autorité et le* « *droit* » *de parler au nom de la* « *nation* » *et d'exprimer la volonté de celle-ci ?*
>
> Rosa Luxemburg

La première partie de cet ouvrage se concentre sur l'identification des éléments nécessaires pour une théorisation de la nation, tels qu'ils sont préfigurés dans la littérature qui a traité du sujet. La théorisation du phénomène national, réalisée dans la seconde partie, sera précédée dans cette première partie par l'encadrement spatial et temporaire du phénomène initial de la formation de la nation (l'Europe occidentale, entre le XVIe et le XVIIIe siècle) ; nous allons expliquer ce phénomène par l'intermédiaire d'une série de concepts sur lesquels nous nous arrêterons dans la deuxième partie.

L'étude de la littérature à laquelle nous allons procéder dans cette première partie nous permettra de souligner la nécessité de formuler une définition précise de la nation et nous obligera d'envisager une théorisation qui tourne exclusivement autour de la démonstration de la définition proposée. La difficulté d'une telle démarche consiste justement dans l'effort de concentrer l'exposé théorique sur l'exploitation des éléments de la définition que nous proposons et d'éviter tous les aspects qui sont moins importants pour notre démonstration – voire même des éléments qui puissent être très utiles pour de nombreuses autres analyses historiques.

***

Les recherches plus ou moins récentes qui ont porté sur la problématique de la nation appartiennent à un large spectre disciplinaire, qui commence par l'histoire, passe par la science politique et continue par la linguistique et la sémiotique. Le domaine de la recherche de la nation est sans doute un domaine extrêmement complexe. Nous partons dans notre démarche de l'hypothèse selon laquelle, sans une approche interdisciplinaire, les recherches sur la nation ne pourraient pas donner des résultats, d'autant plus que les exigences imposées par la complexité de la science contemporaine nous dirigent elles-mêmes vers un tel genre d'approche.

Toute recherche de la nation devrait naturellement commencer par la définition de celle-ci. Comme nous allons voir en ce qui suit, les difficultés concernant la définition de la nation, de même que le conflit apparent entre le caractère « mystique » de l'abstraction de l'espace symbolique de la nation et le caractère contingent de l'espace social concret de celle-ci, ont engendré la grande variation de traditions intellectuelles dans l'approche de ce thème.[2] Pour l'instant, afin de souligner le caractère varié et subjectif des multiples possibilités de définir la nation, nous allons laisser de côté

---

[2] Selon Gil DELANNOI, « Toute définition théorique précise de la nation conduit à voir certains phénomènes mais masque d'autres réalités ». V. son livre, *Sociologie de la nation. Fondements théoriques et expériences historiques*, Paris, Armand Colin, 1999, p. 34.

les définitions qui font référence au mode de constitution des nations et nous allons brièvement nous arrêter sur les définitions plus ou moins « officielles », telles qu'elles apparaissent dans les dictionnaires prestigieux de certaines nations européennes.

Le Dictionnaire *Zingarelli* de l'Académie italienne offre trois sens au mot nation : *primo*, la nation est

> « un complexe d'individus reliés par la même langue, la même histoire, la même civilisation, les mêmes intérêts et aspirations, à condition qu'ils aient la conscience de ce patrimoine commun ».[3]

Secundo, la nation est synonyme de l'Etat, quand on l'écrit avec majuscule. *Tertio*, « la nation est un ensemble de personnes ayant une origine commune ». Si on prend en considération uniquement la première variante (puisque, selon la tradition de la constitution des dictionnaires, c'est la première définition qui donne le sens le plus commun), il faut retenir l'ensemble des éléments énumérés, vu la conjonction « et » qui nous oblige de nous y prendre de cette manière. L'objet de la définition est ainsi strictement rétréci, car toute nation devrait remplir cumulativement toutes les conditions énumérées ci-dessus. On peut se demander à juste titre si la nation italienne réunit elle-même les caractéristiques énoncées par cette première définition.

Inversement, le Dictionnaire *Websters* de la langue anglaise est plutôt laconique dans la définition qu'il offre à la nation :

---

[3] « Il complesso degli individui legati di una stesa lingua, storia, civiltà, interessi, aspirazzioni, specie in quanto hanno conscienza di questo patrimonio comune ».

> « un groupe de personnes ayant un territoire, une origine, une culture, une langue ou une histoire communes ».[4]

Ainsi, les habitants d'un comté d'Angleterre, tous les anglophones du monde ou tous les intellectuels ayant fréquenté Cambridge peuvent constituer une nation. La sphère de cette définition est évidemment trop large.

L'Académie Royale d'Espagne définit la nation, dans son dictionnaire de 1992, tout en premier, comme un Etat, puis comme un territoire, et, finalement, comme

> « un ensemble de personnes ayant une même origine ethnique et, généralement, parlant la même langue et ayant une tradition commune ».[5]

Le critère de la même origine ethnique est donc obligatoire pour l'existence d'une nation, tandis que la langue ou la culture commune ne sont que des éléments généraux, que l'on rencontre chez toutes les nations. Mais, conformément aux précisions du même dictionnaire, les Basques et les Catalans sont inclus dans la nation espagnole, malgré ce que l'énoncé définitoire présenté ci-dessus donnait comme règle générale pour l'identification de toute nation.

Enfin, le Dictionnaire allemand *Der Grosse Brockhaus* de 1979 réussit à surprendre la composante communautaire de la nation et à déterminer le caractère processuel de la constitution des nations. Plus précise que les autres, la définition de ce dictionnaire décrit la nation comme

> « un groupe nombreux de personnes qui sont unies dans une communauté culturelle et/ou

---

[4] « People of common territory, descent, culture, language or history ».
[5] « Cojunto de personas de un mismo origen étnico y que generalmente hablan un mismo idioma y tienen una tradición comun ».

politique. Cette communauté peut reposer sur une langue, une religion, une culture ou une histoire qui deviennent collectives à travers la mise en commun du droit, de l'Etat et de l'appropriation du monde ».[6]

En dépit de sa complexité excessive, cette définition peut être retenue comme un point de départ dans notre démarche.

Ce sont justement cette variabilité extrême des éléments entendus comme « essentiels » par toutes ces définitions et le caractère parfois tautologique de leurs énoncés qui mettent en évidence la difficulté d'identifier et d'inclure les concepts qui sont essentiels pour formuler une définition précise et d'exclure les concepts qui élargissent excessivement ou qui, par contre, rétrécissent indûment la sphère de l'objet que l'on doit définir. En ce qui nous concerne, nous espérons démontrer, notamment à travers l'exercice théorique réalisé dans la deuxième partie, que la définition...

Nation = communauté identitaire politiquement autonome

... correspond le mieux à la détermination de la nature des premières nations constituées en Europe Occidentale du XVIe au XVIIIe siècle.

Cette définition nous oblige à des précisions supplémentaires sur les concepts employés dans son corpus. Ainsi, par *communauté identitaire*, nous entendons le groupe humain dont les membres se considèrent, d'une manière implicite ou explicite, comme appartenant, en premier lieu, à

---

[6] « Eine größere Gruppe von Menschen, die durch das Bewuβstein ihrer politischen und/oder kulturellen Eigenständichkeit zur Gemeischaft wird. Dieses Bewuβstein kann ebenso aus gemeinsamer Abstammung Sprache, Religion, Kultur und Geschichte entstehen wie aus übereinstimmen Weltbildern, Rech-, Staats-, und Gesellschaftsauffassengen. »

la communauté respective. Le caractère explicite de cette identification avec le groupe supposerait l'appropriation consciente des éléments perçus comme étant définitoires pour celui-ci et l'emploi de ceux-ci pour l'autodéfinition. Par exemple, être Français est un trait essentiel de soi-même, le premier qui assure l'identification d'une personne par rapport à l'extérieur et à soi-même. Par contre, l'identification au groupe a un caractère implicite lorsque l'individu, tout en assumant en tout premier les éléments définitoires du groupe, ne s'imagine pas (encore) consciemment comme une partie de celui-ci. Dans ce cas-ci, être Français signifie partager les traits dominants de la culture matérielle et spirituelle française (langue, coutumes, religion-s, etc.) sans être pour autant conscient du fait d'appartenir au peuple français ou à la nation française. Quel que soit le caractère de cette identification par rapport au groupe (implicite ou explicite), la primauté de l'identification au groupe en question détermine le statut de communauté identitaire de ce groupe pour les individus qui en font partie.

Deuxième élément de la définition, *l'autonomie politique* se réfère à l'existence d'une organisation politique intérieure et d'une différenciation politique extérieure suffisamment fortes de sorte que le bénéficiaire de l'autonomie se délimite et soit délimité des autres bénéficiaires de ce statut. Ainsi, les Français se délimitent par rapport aux Allemands par une organisation politique qui, dans les deux cas, prend la forme de l'Etat. Dans d'autres cas et notamment dans la période qui nous intéresse, l'autonomie politique supposait une délimitation par rapport aux autres communautés politiquement organisées (comme c'était le cas des empires multinationaux, au XIXe siècle où chaque communauté ethnonationale avait sa propre organisation politique) ou même par rapport à l'Etat perçu comme étant oppresseur (comme dans les exemples des pays où il y avait des formes d'organisation politiques qui s'opposaient au régime en place – la France et, partiellement, l'Angleterre et le Pays-Bas).

Dans l'exposé qui suit, nous allons voir que, malgré les ressemblances et les superpositions partielles entre les nations et les types de communautés qui lui ont été historiquement antérieures, ce fut seulement au moment où les critères énoncés dans cette définition eussent été réunis que la nation a pu prendre une forme spécifique en se frayant ainsi un chemin dans l'histoire.

***

Des points de vue thématique et chronologique, les débats sur la formation et la consolidation des nations se sont déroulés sur plusieurs axes. Il s'agit, en tout premier, d'un axe que nous considérons comme étant *l'axe central génétique-temporel*. La centralité de cet axe, qui différencie entre le *pérennalisme*[7] et le modernisme, est due à la polarisation extrême que celui-ci a suscitée. L'imagination d'un tel axe central représente une démarche méthodologique utile, car, étant données l'hétérogénéité intérieure des deux traditions situées d'un côté et de l'autre de l'axe et la rigidité relative de la polarisation de celles-ci, nous réussissons à grouper toutes les autres classifications de la littérature comme étant des sous-branches (parfois enchevêtrées) de ces deux traditions.[8]

---

[7] Nous nous permettons d'utiliser un anglicisme, « perennialism », pour appréhender dans un seul mot l'essence de cette tradition. L'adjectif « pérennaliste » suit logiquement la même démarche.
[8] La majorité des auteurs mettent en évidence cette différenciation comme étant la ligne de scission la plus importante au sein de la littérature portant sur la nation. Pour une présentation introductive, v.

Le critère fondamental qui réside derrière la séparation des deux traditions est la caractérisation de la nation du point de vue de sa relation à l'histoire. Les pérennalistes considèrent que la nation représente une réalité anhistorique, pérenne, tandis que les modernistes pensent que la nation a un caractère historique puisque sa naissance est chronologiquement datable et méthodologiquement décomposable en plusieurs dimensions qui relèvent de la modernisation.

La deuxième possibilité de classifier les auteurs qui s'occupent de l'étude de la nation est de le faire en fonction de la *perspective disciplinaire*. On peut distinguer ainsi entre les approches épiques et historiques, les approches sociologiques et politiques et les approches philosophiques et anthropologiques.[9] Bien que cette seconde classification ait le mérite important de départager les différents auteurs en fonction de leurs domaines d'intérêts, celle-ci reste secondaire pour une démarche théorique qui se veut interdisciplinaire et repose notamment sur le fusionnement des outils analytiques de plusieurs sciences sociales.

Enfin, il y a la possibilité de classer la littérature en fonction du critère de *l'attitude par rapport à la nation*. Une telle classification est importante étant donné le fait qu'une

---

Hugh SETON-WATSON, *Nations and States*, London, Methum, 1977.

[9] Une exemplification atemporelle de ce deuxième clivage : Jules Michelet et Pierre Nora font partie de la première catégorie, Max Weber et Anthony Giddens de la seconde, tandis que Charles Maurras et Michel Maffesoli de la dernière. Voir : Max WEBER, *Economie et société*, Paris, Gallimard, 1988 ; Pierre NORA (dir.), *Les lieux de mémoire*, vol. II : *La Nation*, Paris, Gallimard, 1986 ; Jules MICHELET, *Le Peuple*, Paris, Flammarion, 1979 ; Charles MAURRAS, « Nationalité, nature et société » in *Action française*, 23 juillet 1916 ; Anthony GIDDENS, *Modernity and Self-Identity: Self and Society in the Late Modern Age*, Cambridge, Polity Press, 1991 ; Michel MAFFESOLI, *Le temps des tribus. Le déclin de l'individualisme dans la société postmoderne*, 3e édition, Paris, La Table Ronde, 2000.

bonne partie des scientifiques, et surtout des chercheurs qui ont vécu au XIXe siècle ou dans la première moitié du XXe siècle, ont profondément été influencés par leur passion pour ou contre la nation et le nationalisme. Selon ce critère, il faut faire la part entre la littérature *nationaliste* (au sens large du terme, c'est-à-dire favorable à la nation en tant que sujet d'étude scientifique, réalité sociologique ou unité politique) et la littérature *anti-nationaliste* (naturellement, toujours au sens large du terme, voire parfaitement opposé au terme nationaliste). Dans la plupart des cas, cette dernière classification est assez facile ; par conséquent, là où nous le jugeons nécessaire, nous allons nous contenter de souligner l'orientation de certains auteurs que nous allons inclure dans le classement principal, réalisé autour de l'axe génétique-temporel. Dans la Figure n° 1, nous avons synthétisé ces possibilités de classification et suggéré les orientations principales subséquentes à la combinaison de ces trois critères :

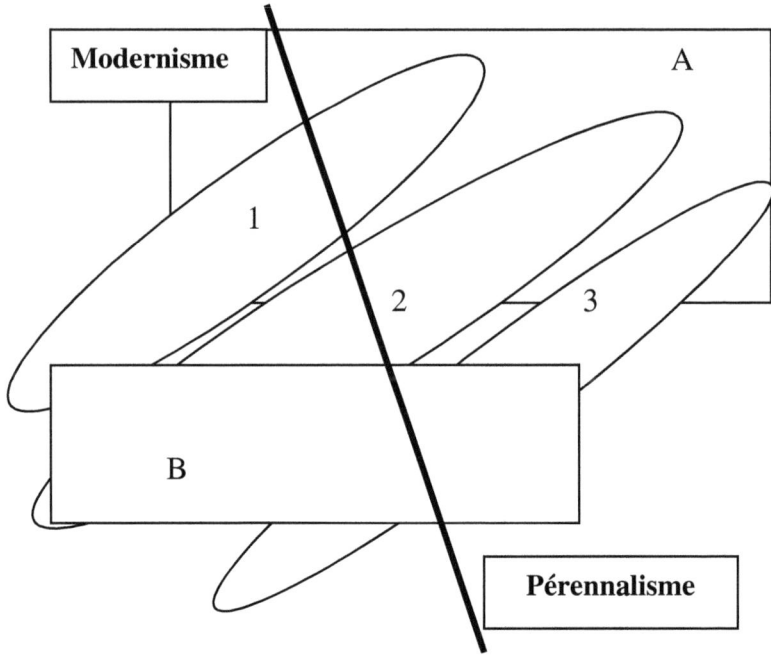

Fig. n° 1. La classification des recherches sur la nation selon les trois critères retenus. Les rapports entre les classes qui résultent de cette classification.

Les deux orientations majeures sont représentées à travers l'axe oblique – les pérennalistes, à droite et les modernistes, à gauche. Les rectangles A et B, situés en haut et, respectivement, en bas du schéma, représentent les orientations nationaliste et antinationaliste. Les trois ovales, 1, 2 et 3, représentent les trois approches majeures en fonction desquelles nous avons groupé les auteurs qui se sont occupés de la nation selon le critère disciplinaire : 1 – les approches philosophiques et anthropologiques, 2 – les approches sociologiques et politiques, 3 – les approches épiques-historiques. Comme les superpositions et les oppositions relatives indiquées suggèrent, l'espace pérennaliste est occupé notamment par les historiens et les nationalistes, tandis que la zone moderniste est plutôt peuplée par des sociologues et des antinationalistes.[10] Il est possible d'opérer plusieurs autres classifications : il y a une littérature marxiste et une littérature non-marxiste de la nation ; une littérature directement préoccupée par la nation et une littérature qui vise la nation d'une manière indirecte ; une littérature historiciste (qui se propose d'étudier la création et le développement des nations) et une littérature fonctionnaliste (qui se propose de mettre en évidence la manière dont les nations se sont articulées afin de répondre aux besoins des communautés). Mais il faut surtout noter que l'importance des classifications n'est pas absolue, mais indissolublement liée aux objectifs qu'on se propose.

Fort de ce qui précède, nous allons nous arrêter sur les deux orientations majeures, le pérennalisme et le modernisme, et préparer les concepts qui vont nous servir de fondement pour la théorisation de la nation en tant qu'identité collective.

---

[10] Il y a, sans doute, des historiens nationalistes non-pérennalistes et des anthropologues ou des philosophes pérennalistes antinationalistes. Par exemple, Emile DURKHEIM a été un sociologue nationaliste moderniste, tandis que Clifford GEERTZ a été un anthropologue pérennaliste antinationaliste. Les tendances majeures reflétées dans le schéma ci-dessus sont, quand même, quantitativement respectées. De surcroît, il faut admettre qu'il y a des sous-domaines, comme l'étude des mentalités collectives, où les démarches interdisciplinaires et poli-orientées sont nécessaires et majoritaires. V., à cet égard, Simona NICOARA, Toader NICOARA, *Mentalități colective și imaginar social. Istoria și noile paradigme ale cunoașterii*, Cluj-Napoca, Presa Universitară Clujeană, 1996. (*Mentalités collectives et imaginaire social. L'histoire et les nouveaux paradigmes du savoir*).

Le pérennalisme

> *Pour faire une nation, il faut des cimetières et un enseignant d'histoire.*
>
> Maurice Barrès

Si le débat sur la nation est apparu au XVIIIe siècle, notamment dans la littérature philosophique des Lumières,[11] les racines de ce débat remontent plus long dans le temps. En fait, en fonction des significations que les chercheurs ont attribuées à la traduction du mot latin *natio* («naissance», au sens propre du terme), on peut prétendre soit que les nations ont existé depuis l'Antiquité, soit qu'elles se sont formées seulement à une époque très récente. Ce qui est largement admis c'est que les sens attachés à ce mot, employé dans ses variantes latine et vernaculaire, ont fortement varié dans la période pré-moderne. Le terme *natio*

---

[11] « Il est pour les nations comme pour les hommes un temps de maturité qu'il faut attendre avant de les soumettre à des lois ; mais la maturité d'un peuple n'est pas toujours facile à connaître, et si on la prévient l'ouvrage est manqué […]Ainsi par la nature du pacte, tout acte de souveraineté, c'est-à-dire tout acte authentique de la volonté générale, oblige ou favorise également tous les citoyens, en sorte que le souverain connaît seulement le corps de la nation et ne distingue aucun de ceux qui la composent. Qu'est-ce donc proprement qu'un acte de souveraineté ? Ce n'est pas une convention du supérieur avec l'inférieur, mais une convention du corps avec chacun de ses membres : Convention légitime, parce qu'elle a pour base le contrat social, équitable, parce qu'elle est commune à tous, utile, parce qu'elle ne peut avoir d'autre objet que le bien général, et solide, parce qu'elle a pour garant la force publique et le pouvoir suprême. » J.-J. ROUSSEAU, *Du Contrat social* in *Œuvres Complètes*, vol. III, livre II, chap. VIII, Paris, Gallimard, 1975 ; voir aussi VOLTAIRE, *Essai sur les mœurs et l'esprit des nations*, Genève, 1756.

est employé au Moyen Age pour désigner les états nobiliaires d'un certain type, les castes des artisans ou des commerçants, l'ensemble des universitaires qui partageaient certains traits, etc.[12] Le terme désignait, d'une manière générale, un groupe d'un certain type, situé dans un endroit particulier, ayant une certaine profession ou représentant certains intérêts.[13] Les premières attestations d'un sens moderne du terme datent depuis la fin du XVe siècle et, respectivement, de 1522 ; elles sont toujours, d'une certaine manière, contradictoires. Ayant voulu souligner l'existence du « peuple », le canoniste Guillaume Benoît notait, dans une de ses chroniques, que « l'Etat sans nation n'a ni essence, ni existence ».[14] Quelques décennies plus tard, dans un effort plutôt inverse, le chroniqueur Guillaume Budé faisait la mention du fait que si tous les princes avaient été comme François Ier, « […] la nation françoyse fust autant estimée que nulle aultre après les Romains ».[15] Au XVIIIe siècle, on pouvait déjà remarquer l'ébauchage d'un sens moderne du terme : si le Dictionnaire de l'Académie Française de 1695 mentionnait que la nation était « un terme collectif qui désignait les habitants d'un Etat, d'une région, qui se trouvent sous les mêmes lois et usent la même langue », celui de 1740 ajoutait « … et les habitants du même pays, encore qu'ils ne vivent pas sous les mêmes lois, et qu'ils

---

[12] L'exemple le plus connu est l'Université de Sorbonne, divisée en quatre *natiae*.
[13] Pour une analyse des emplois de ce terme au Moyen Age, voir *Economies et sociétés du Moyen Age. Mélanges offerts à Edouard Perroy*, Paris, Presses de la Sorbonne, 1973.
[14] *Apud* Ahmed SLIMANI, *La modernité du concept de nation au XVIIIe siècle (1715-1789) : apports des thèses parlementaires et des idées politiques du temps*, Marseille, Presses Universitaires d'Aix-Marseille, 2004.
[15] *Apud* J.-Y. GUIOMAR, *L'idéologie nationale. Nation. Représentation. Propriété*, Paris, Ed. Champ Libre, 1974, p. 54.

soient sujets à différents princes ». Même si ce dernier rajout est censé faire allusion à la situation des Italiens (assujettis par les Habsbourg et que les Français prétendaient défendre), la définition montre précisément l'évolution qui a eu lieu du XVIe au XVIIIe siècle – dans la période qui va nous intéresser plus particulièrement dans la deuxième partie de cet ouvrage.

L'apparition d'une analyse historique de la nation plus approfondie dans la première partie du XIXe siècle, c'est-à-dire justement dans la période où les nations se trouvaient dans un processus d'expansion, a porté préjudice à la scientificité des approches réalisées dans cette période. Etant plutôt dans la peau du politique national que du scientifique neutre, l'historien pérennaliste concentre la plupart de ses efforts non pas sur l'étude, l'explication et la motivation des causes historiques de l'apparition d'une certaine nation, mais sur la démonstration des caractéristiques et de l'ancienneté de la nation en question. Le contexte a profondément marqué l'activité des historiens pérennalistes, de même que celle des scientifiques spécialisés dans de nombreux autres domaines. En France, en 1820, Augustin Thierry jeta les bases d'une vraie « révolution historiographique », dont l'objectif principal était l'exploration du passé national.[16] S'ouvrait ainsi la voie à la « subordination des perspectives historiques par rapport au schéma national ».[17] La Révolution historiographique du début du XIXe siècle marque, en fait, le début d'une étape historiographique durant laquelle la nation allait plutôt offrir le cadre explicatif nécessaire pour la compréhension du passé au lieu de constituer elle-même l'objet d'une exploration.

Même si le consensus concernant l'emploi d'une certaine méthodologie n'a pas été acquis (puisque Jules

---

[16] V. Pierre NORA, *op. cit.*, pp. 260-5.
[17] *Ibid.*

Michelet a attaqué Thierry et ses adeptes car « ils voyaient tous, dans chaque geste, le signe d'une idée ») – la nation apparaissait comme un ample support explicatif pour les historiens qui préféraient la méthode classique de la narration, aussi bien que pour ceux qui optaient pour une analyse séquentielle. Ainsi, faisant le plein usage d'un vocabulaire romantique chargé de passion, le même Michelet parlait d'une « unité dramatique des trois derniers siècles » : le chemin glorieux de la nation française vers son auto-édification, qui avait commencé dès l'Antiquité gallo-romaine, a culminé dans la tourmente de la Révolution de 1789, pressentie par l'ensemble des événements qui l'avaient précédée.[18]

Le facteur contextuel est d'autant plus important que nous assistons, dans certaines conditions, au développement des thèses contradictoires sur la naissance de la nation. Ces thèses concernaient non pas seulement le processus en soi (comme ce fut plutôt le cas du binôme franco-allemand), mais aussi la primauté dans un espace ethno-génétique (comme ce fut le cas du binôme roumano-hongrois). Nous allons brièvement nous arrêter sur les deux binômes, dont la nature et le fonctionnement comportent, à la fois, des similitudes et des différences.

Le débat franco-allemand, perçu comme ayant été le débat originaire sur la nature civique ou ethnique des communautés nationales, est lié à la fois à une reconsidération du passé et à un réaménagement du présent.[19] Le principe de la nation civique, assuré par un Etat

---

[18] Jules MICHELET, *Précis de l'histoire moderne*, Paris, 1827, pp. 18-9.
[19] Pour une analyse pertinente du débat franco-allemand sur la nation, v. Jacques DROZ, « Concept français et concept allemand sur l'idée de nationalité » in *Europa und der Nationalismus,* Baden-Baden, 1950, pp. 111-117. V. aussi la comparaison faite par Louis DUMONT dans *Essai sur l'individualisme. Une perspective anthropologique sur l'idéologie moderne,* Paris, Seuil, 1983.

centralisé et homogène, s'est opposé au principe de la nation culturelle, éparpillée sur les territoires de plusieurs Etats, à leur tour hétérogènes du point de vue ethnique. La différence entre ces deux visions est soulignée d'une façon suggestive par Rogers Brubacker :

> « C'est une chose que de vouloir que tous les citoyens de l'Utopie parlent l'utopien, et une autre chose que de vouloir que tous les utopophones soient les citoyens de l'Utopie. *Grosso modo*, la première attitude représente le modèle français, tandis que la seconde représente le modèle allemand ».[20]

Si l'enjeu momentané était la légitimation de la suprématie française ou allemande sur l'Alsace-Lorraine, l'intérêt plus général était celui d'instituer un principe de définition du concept de nation qui favorisât la nation en cause. Dans sa monumentale *Histoire de France*, commencée en 1881, Ernest Lavisse fait de la nation « le cadre multiséculaire des légitimités d'un peuple », en rattachant ainsi la dimension historique à la définition civique et politique de la nation. Selon Lavisse, la construction de ce cadre légitime avait commencé avec les premiers Capétiens.[21] La « réponse allemande », donnée par une série d'historiens et d'écrivains qui commence par Johann Gottlieb Fichte,[22] Franz Ludwig Jahn et Jacob Grimm et va jusqu'à la version extrême de Carl von

---

[20] Rogers BRUBACKER, *Citoyenneté et nationalité en France et en Allemagne*, Paris, Belin, 1977, p. 29.
[21] Ernest LAVISSE, *L'Histoire de France*, Paris, Bibliothèque Nationale, 1895, t. 1, p. 25 (5).
[22] V. Johann-Gottlieb FICHTE, *Discours à la nation allemande*, Paris, Imprimerie Nationale, 1992.

Treitschke,[23] consiste dans la légitimation de la nation ethnoculturelle, du peuple et de son « être collectif », qui s'exprime à travers l'histoire.[24] L'interprétation du monde en fonction de telle ou telle définition de la nation est allée jusqu'à la sacralisation des formes de relief : l'idée du « Rhin allemand » (fleuve intérieur de l'espace germanophone) s'opposait à celle du « Rhin-frontière » (fleuve qui sépare naturellement l'Allemagne et la France). De cette manière, on peut juger que les différences fondamentales entre les deux types de définitions s'effacent dans une chasse aux arguments « historiques » qui permettent aux deux camps de procéder d'une façon très semblable. Le passé historique, l'espace géographique, les symboles religieux deviennent ainsi autant de terrains de chasse pour les pérennalistes qui transforment tout repère collectif dans une « marque » de la nation.[25]

De surcroît, ce n'est pas seulement le fonctionnement de la rhétorique nationale qui est semblable dans les deux cas, mais c'est l'essence même de la structure collective qui obéit aux mêmes règles de l'allégeance à la vision dominante de l'identification commune. En ce sens, Norberto Bobbio notait que la nation ne pouvait pas s'inscrire dans un autre paradigme que celui de l'Etat organiciste, même si parfois elle se disait favorable à l'individualisme, comme dans le cas de la France.[26]

---

[23] V. Carl Georg [von] TREITSCHKE, *Deutschland in Schlaf*, Hidelsheim, G. Ohus Verlag, 1996.
[24] Pour une analyse détaillée de l'historiographie allemande romantique et des controverses de celle-ci avec l'historiographie française, v. Hans-Ulrich WEHLER, *Deutsche Historiker*, Göttingen, Vandenhoech und Ruprecht, 1973.
[25] A cet égard, Thierry Wolton note qu'entre la manipulation des deux concepts – *les Gaulois* et *Das Volk* – il n'y avait pas de différence qualitative. V. Thierry WOLTON, *Rouge-brun, le mal du siècle*, Paris, Lattès, 1999.
[26] V. Norberto BOBBIO, *Libéralisme et démocratie*, Paris, Cerf, 1996.

Le binôme roumano-hongrois est à la fois plus complexe et moins cohérent que le binôme franco-allemand. Au discours pérennaliste sur la continuité des Roumains dans « l'espace carpato-danubien-pontique » s'oppose une réinterprétation hongroise du concept médiéval de *Natio Hugarica*. En dépit du fait que celui-ci incluait au Moyen Age seulement les Ordres privilégiés, les historiens pérennalistes hongrois ont étendu abusivement sa portée pour démontrer que toute la population de langue hongroise en faisait partie. L'objectif politique des historiens et des élites nationalistes hongroises – l'assimilation des minorités slaves et des Roumains qui habitaient la Grande Hongrie – était servi par une réinterprétation de l'histoire au sens de la « pérennalisation » de la nation magyare dans l'espace pannonique et transylvanien.

Miklos Wesselényi et, plus tard, Béla Gründwald ont proféré un nationalisme assimilationniste reposant sur la pérennité de la nation hongroise et son rôle civilisateur.[27] De l'autre côté de la barricade, sous l'influence croissante des études historiques à orientation pérennaliste, dont la voie avait été ouverte par Inochentie Micu-Klein, au début du XVIIIe siècle, l'historiographie roumaine soutenait l'origine multimillénaire de la nation roumaine. Par-delà les dérives ultranationalistes d'un Bogdan Petriceicu-Haşdeu[28] ou d'un Alexandru Papiu-Ilarian, les historiens roumains de la seconde moitié du XIXe et de la première moitié du XXe, comme Nicolae Bălcescu,[29] Mihail Kogălniceanu[30] ou

---

[27] V. Chantal DELSOL, Michel MASLOWSKI (dir.), *Histoire des idées politiques de l'Europe centrale*, Paris, Presses Universitaires de France, 1998, pp. 324-36, 347-54.
[28] V. Bogdan PETRICEICU-HASDEU, „Studii asupra iudaismului". Talmudul ca profesiune de credinţă a poporului israelit, Bucureşti. Tipografia Theodor Vaidescu, 1866 (« *Etudes sur le judaïsme ». Le Talmud comme profession de foi du peuple israélite*).
[29] V. Nicolae BALCESCU, *Românii supt Mihai-Voievod Viteazul*, Bucureşti, Litera, 2002 (*Les Roumains sous Michel le Brave*).

Nicolae Iorga,[31] réussissent à faire du pérennalisme l'orientation quasi-officielle de la tradition historiographique roumaine et le moteur de l'engagement en faveur de l'unité nationale des Roumains.[32] A la différence des fondements du binôme franco-allemand, les repères du binôme roumano-hongrois restent profondément fluctuants, notamment en fonction du statut de la Transylvanie. Ainsi, dans un premier temps, lorsque la Transylvanie était directement rattachée à l'Empire autrichien, la plupart des définitions collectives des Roumains étaient liées au modèle allemand, en soulignant le caractère culturel et linguistique et la supériorité numérique des Roumains dans cette région. A la même époque, la rhétorique hongroise avait emprunté les discours de la nation civique « à la française », en soutenant la légitimité de la construction institutionnelle de l'Etat médiéval hongrois et en prétendant la constitution d'une république unitaire ayant une seule nation. Le revers de 1848 a déterminé une restructuration des discours, au sens d'un repli des deux élites politiques à une rhétorique libérale et plutôt civique, opposée à l'absolutisme de Vienne. Mais la transformation de l'Empire des Habsbourg dans l'Empire Austro-hongrois, au sein duquel la Hongrie s'était octroyé la tutelle de la

---

[30] V. Mihail KOGALNICEANU, *Scrieri literare. Discursuri*, Bucureşti, Gramar, 2003 (*Ecrits littéraires. Discours*).

[31] Nicolae IORGA, *Histoire des Roumains et de leur civilisation*, Henry Paulin, Paris, 1920.

[32] Pour une analyse pertinente du processus de construction des représentations des nations roumaine et hongroise, v. Nicolae BOCSAN, Ioan LUMPERDEAN, Ioan-Aurel POP, *Ethnie et confession en Transylvanie (du XIIIe au XIXe siècles)*, Cluj-Napoca, Centre d'Etudes Transylvaniens, 1996 ; Sorin MITU, *National Identity of Romanians in Transylvania*, Budapest and New York, Central European University Press, 2001 ; la thèse d'Antonela CAPELLE-POGACEAN, *Représentations de la Nation chez les intellectuels hongrois et roumains : origines historiques et idéologiques*, IEP, Paris, 2002, Bibliothèque de Science Po, cota TH-COL 4 3656 (551).

Transylvanie, a suscité un retour au clivage discursif nation dominante (hongroise) – nation dominée (roumaine). Au sein de ce clivage, la composante civique de la définition des Hongrois s'était relativisée, tandis que les politiques assimilationnistes s'étaient généralisées. Du côté des Roumains, les principes libéraux de la nation civique étaient brandis devant un pouvoir politique peu respectueux des normes légales et constitutionnelles. Finalement, après l'inclusion de la Transylvanie dans le Grande Roumanie en 1918, il y a eu un autre changement rhétorique, puisque les Hongrois de Transylvanie exigeaient l'autodétermination, vu le caractère ethnoculturel spécifique, tandis que la majorité roumaine prônait la mise en place d'un espace civique, homogène et, en fait, « jacobin », où les différences s'effaceraient au profit de l'appartenance collective à la nation.

***

Toutes les thèses importantes d'orientation pérennaliste ont comme ingrédient principal la conviction selon laquelle la nation est une réalité qui transcende la temporalité, tout en étant détachée du facteur conjoncturel et attachée à l'éternité. La nation est donc considérée comme l'héritière prédestinée d'une ethnie, et, dans la plupart des cas, comme le résultat de la volonté et de l'action divine. Il n'est donc pas étonnant que le facteur ethno-génétique soit privilégié, puisqu'il est considéré comme particulièrement important. Pour les pérennalistes, ce ne sont donc pas l'organisation politique et les structures fonctionnelles de la nation qui importent, mais plutôt le mécanisme de l'identification ou de la fabrication des preuves selon lesquelles l'ethnie, transformée en nation, est historiquement en droit de maîtriser un certain territoire.

La formation des ethnies est donc une des préoccupations essentielles des pérennalistes qui, tout en étant généralement motivés par leurs visions politiques nationalistes, considèrent leur démarches « patriotiques et nécessaires ».[33] La formation des ethnies est donc considérée comme une explication suffisante pour la formation des nations. Pour la majorité des historiens pérennalistes, l'ethnogenèse aurait dû avoir lieu dans une période indéterminée ou vaguement déterminée, selon les divers auteurs et les diverses écoles. Malgré les variations, l'élément commun est l'effort de placer le processus d'ethnogenèse ou seulement certains de ses éléments à une époque immémoriale.[34] Les légendes et les mythes fondateurs des cultures européennes sont activées et réactivées et reçoivent, à travers l'officialisation et

---

[33] V., une fois de plus, les commentaires de Pierre Nora dans Pierre NORA (dir.), *op. cit.*, p. 303. La démarche historique rétrospective, ayant l'intention de réécrire l'histoire en fonction d'une thèse spécifique sur l'origine d'un peuple, n'est pas exclusivement spécifique au romantisme. Par exemple, l'historiographie baroque et illuministe de Transylvanie compte de nombreuses interprétations pareilles. V., à cet égard, Edit SZEGEDI, *Tradiție și inovație în istoriografia săsească între baroc și iluminism*, Cluj, Casa Cărții de Știință, 2004, pp. 276-284 (*Tradition et innovation dans l'historiographie saxonne du baroque aux Lumières*). Tout de même, c'est seulement au XIXe siècle que nous avons eu à faire avec un mouvement ample et dirigé, que l'on pouvait retrouver dans l'ensemble de l'historiographie européenne et qui eut, pour la première fois, un « impact social » au sein des élites bourgeoises.

[34] Les efforts des historiens français de revendiquer une origine troyenne pour les Gaulois, l'emphase des historiens allemands dans l'affirmation de l'origine aryenne des Germaniques et les essais des Ecossais de démontrer leur origine picte pré-indo-européenne représentent seulement quelques exemples. V. Eric HOBSBAWM, Thomas RANGER, *The Invention of Tradition*, Cambridge, Cambridge University Press, 1983, pp. 56-59.

l'institutionnalisation, une valeur nationale liturgique.[35] De surcroît, le groupe ethnique du chercheur pérennaliste est investi avec des qualités exceptionnelles et uniquement positives. L'exemple extrême est sans doute Václav Hanka qui, pour démontrer l'unité immémoriale du peuple tchèque et son ancienneté en Bohême, publia, en 1817, le manuscrit *Kralodvorsky rukopis* qui racontait la légende de la fondation de ce peuple.[36] Ce manuscrit fut dénoncé cent ans après comme ayant été une « fabrication récente ». Mais celui-ci a servi à l'alimentation du nationalisme tchèque précisément au moment où ce dernier avait besoin des ressorts historiques pour s'appuyer dans son combat contre le néo-absolutisme impérial.

Dans la plupart des cas, l'ethnogenèse comporte une dimension mythologique, la naissance du peuple étant soit le résultat d'une volonté divine, soit celui d'une action conjointe entre la volonté divine et la lutte des « héros-civilisateurs » qui se sont immolés sur l'autel de l'édifice national. Dans certains cas, on assiste à la combinaison des dimensions divine, historique et héroïque, qui prend la forme d'un triptyque national : le même Jules Michelet, dont l'œuvre a servi comme modèle pour une partie considérable des historiens modernes, explique justement le fait que « la tâche de l'historien consiste à replacer dans le schéma national tous les événements qui n'ont pas de sens en dehors de celle-ci ».[37] Placée donc dans l'atemporalité, la naissance du peuple est le résultat d'une synthèse entre l'action de la divinité (accompagnée parfois par la réaction des autres divinités), l'héroïsme civilisateur des pionniers-visionnaires et l'accomplissement par les gens simples, mais pleins de

---

[35] *Cf.* Geoffrey HOSKING, George SCHÖPFLIN (eds.), *Myths and Nationhood*, London, Hurst and Company, 2002, pp. 46-8.
[36] V. Anne-Marie THIESSE, *La création des identités nationales. Europe XVIIIe-XXe siècles,* Paris, Seuil, 1999, p. 240.
[37] *Apud* Pierre NORA (dir.), *op. cit.,* p. 303.

qualités, d'un rituel prédestiné. Ce dernier ingrédient est de plus en plus présent vers la fin du XIXe siècle, lorsque « les masses s'invitent dans l'histoire » et doivent trouver leur place dans la panoplie historique et nationale. Par exemple, tout en spéculant sur l'indécision des historiens quant à l'identification de l'origine du peuple basque, Erro de Chacho construit une vraie théorie de l'origine divine des Basques. Celle-ci sera reprise et développée par Engnazio Aranzadi dans les années 1930 pour servir comme plateforme nationaliste après la Seconde Guerre mondiale.[38]

La comparaison entre l'histoire réécrite de l'ethnogenèse et la réalité contemporaine de la nation, à laquelle l'esprit critique obligeait quand même, a déterminé le rafraichissement de la base argumentative des pérennalistes par le glissement des éléments contemporains dans le cadre historique soumis à l'analyse. Le cas de la nation française est, une fois de plus, exemplaire : l'historiographie du XIXe siècle a appuyé la thèse selon laquelle la nation « protodémocratique » des Gaulois a été conquise et soumise par les envahisseurs francs. Le comte de Moulasier et le révolutionnaire Constantin Volney montrent que les maîtres francs, qui étaient tributaires au barbarisme germanique, ne connaissaient pas la démocratie, ce qui a déterminé l'assujettissement séculaire de la nation française (gauloise) jusqu'à la Révolution de 1789. Comme une ironie, l'idée n'était pas nouvelle, mais le sens du récit avait été renversé : en 1573, François Hotoman avait déjà parlé d'une « libération héroïque des Francs du joug de l'Empire romain ».[39] La théorie des deux nations françaises, quelles qu'elles aient pu être – a permis la justification de l'action révolutionnaire et a renforcé la position française face à l'historiographie romantique allemande. Nous assistons donc à une révolution

---

[38] V. Anne-Marie THIESSE, *op. cit.*
[39] *Apud* Jean-Yves GUIOMAR, *L'idéologie nationale. Nation. Représentation. Propriété*, Paris, Ed. Champ Libre, 1974, p. 52.

historiographique rétrospective, dont l'objectif central est celui d'affirmer la généalogie linéaire des nations et l'identification de celles-ci avec les ethnies primordiales.

Les pérennalistes sont persuadés du fait que le groupe ethnique, avec lequel la nation s'identifie, est tellement bien inscrit dans la longue durée de l'histoire, que les éléments linguistiques, religieux, ethnographiques ou anthropologiques et les comportements sociaux et politiques peuvent très bien être considérés de manière sélective. Ainsi, au cas où ces éléments-ci peuvent soutenir la thèse pérennaliste, ils seront adoptés et incorporés dans l'énoncé de la démonstration ; mais si, par contre, un certain élément infirmait la thèse, il serait exclu de l'argumentation et traité comme une exception ou une curiosité, ou, dans certains cas, carrément ignoré.[40]

La thèse pérennaliste gagne en ampleur à travers le rattachement de tous les éléments culturels, sociaux et économiques de l'histoire à l'effort de consolidation de la nation. Les pérennalistes se fixent donc la mission de démontrer non seulement que la nation a existé depuis toujours, mais que toutes les actions et tous les événements historiques « positifs » ont été dirigés vers l'affirmation et l'essor de la nation. Si certains pérennalistes n'osent pas dépasser les limites imposées par l'existence ou l'inexistence des preuves, d'autres réinterprètent les connaissances qui proviennent des sciences diverses pour arroger à la nation la totalité des mérites historiques : Johann-Gottfried Herder croyait que le peuple était « le dépositaire du génie national » et que la nation fonctionnait comme un organisme à travers lequel ce génie

---

[40] Le traitement sélectif par Claude Flauriel des éléments folkloriques grecs et le fait d'avoir antidaté les balades populaires afin de démontrer que celles-ci étaient « une lente altération de la poésie antique » représentent un exemple qui souligne cette idée. V. Anne-Marie THIESSE, *op. cit.*, p. 88.

se manifestait.⁴¹ La démarche fondamentale de Herder a été de rendre la nation consciente d'elle-même. Nous assistons de cette manière à un renversement de la projection historique : la projection du passé vers le présent laisse la place à une projection du présent vers le passé et, de plus en plus, d'un présent ou d'un avenir souhaité vers un passé à son tour idéalisé. Imaginé selon l'intérêt de l'historien, le passé devient un moyen essentiel par l'intermédiaire duquel nous pouvons intervenir dans le modelage du présent. La tâche de l'historien est donc de démontrer non seulement la continuité de la nation, mais aussi la convergence des éléments culturels pour l'édification de celle-ci.

Au XIXe siècle, l'influence des visions pérennalistes a été accablante pour l'Europe tout entière. Paradoxalement, l'édification d'une vision intégrée sur sa propre nation dépendait de l'existence des visions parallèles et semblables sur les autres nations. En d'autres mots, s'il n'est pas entièrement prudent, du point de vue scientifique, d'affirmer, avec Anne-Marie Thiesse, que « la formation des nations représente un des processus les plus internationaux de l'histoire de monde »,⁴² nous pouvons quand même être sûr que la consolidation des thèses pérennalistes représente en effet un processus purement international. L'exportation de méthodologie du couple dialectique franco-allemand vers l'Europe tout entière a permis la généralisation des préoccupations concernant les origines et l'ancienneté des nations et l'agrégation d'un modèle de « rétroprojection » sur le passé relativement plus unitaire.

Les réinterprétations des héritages culturels opérées au XIXe siècle couvrent les domaines les plus variés et ont comme dénominateur commun l'édification rétroactive des cultures nationales. La littérature est le domaine-phare de ce processus : le mythe du barde Ossian est le premier à avoir

---

⁴¹ *Idem,* p. 36.
⁴² *Idem,* p. 11.

offert des bases symboliques solides pour la légitimation d'une culture nationale – dans ce cas-ci, la culture écossaise. Il est suivi, dans la plupart des Etats et des empires européens, par la publication des mythes nationaux qui présentaient soit l'ethnogenèse, soit la lutte pour l'affranchissement national contre la tutelle d'un pouvoir étranger.[43] La prolifération des mythes nationaux est doublée par la croissance du degré de préoccupation en ce qui concerne le folklore. Dans le cas du folklore, il fallait affirmer l'unité nationale et la continuité à travers les traditions et les coutumes, même si ceux-ci n'ont pas été déterminants (parfois ils n'ont même pas été présents) dans la structuration ethnique de la communauté en question ou même si les traditions avaient déjà disparu, sous l'effet de l'urbanisation et de la modernisation.[44] Le côté absurde qui avait marqué certaines « récupérations », au point de rendre leurs auteurs susceptibles de mauvaise foi dans la reconstitution des éléments folkloriques, a déterminé le chercheur Richard M. Dorson d'avancer un terme peu flattant – « fakelore » – pour décrire la vraie nature du résultat de ce processus.[45]

Sur le plan linguistique, les attitudes pérennalistes se sont fait remarquer par les efforts déroulés afin de donner

---

[43] Ces processus sont exemplairement surpris par Hobsbawm et Ranger ; v. Eric HOBSBAWM, Thomas RANGER, *op. cit.*
[44] Anne-Marie Thiesse présente une enquête opérée par Napoléon Ier au Nord de l'Italie, afin d'identifier les traditions et les coutumes spécifiques de la région. L'enquête avait démontré que la population de l'Italie septentrionale avait abandonné, depuis une centaine d'années, les vêtements traditionnels, les chansons populaires autres que les chansons religieuses, les coutumes et les pratiques agraires traditionnels et avait donc passé, en gros, à l'époque moderne « universalisatrice ». V. Anne-Marie THIESSE, *op. cit.* et *Le Guide de l'Emploi des Questions du Voyageur Patriotique*, Archives nationales de France, Grande Bibliothèque.
[45] Anne-Marie THIESSE, *op. cit.*, p. 160.

une unité linguistique ancestrale aux dialectes et aux parlers qui étaient en usage dans une certaine région. Le processus a été bien intégré, notamment à travers la collaboration des historiens, qui généraient le cadre où la nation aurait dû se former et qui désignaient l'espace linguistique qui lui « correspondait », et les linguistes, qui précisaient les modalités supposées à travers lesquelles la langue en question aurait dû se former et se développer. La tâche la plus difficile était de faire la différence entre deux ou plusieurs dialectes frontaliers ou communs aux groupes semblables du point de vue de l'origine ethnique et, notamment, de prouver la pérennité de l'usage d'une certaine langue dans un territoire précis. Ces efforts étaient encore plus pénibles si « l'opération » devrait se faire en Europe orientale, là où les textes écrits dans les langues vernaculaires étaient très rares ou même absents, du moins avant la fin du Moyen Age. Dans certains cas, l'historiographie pérennaliste dictait, à travers des pressions politiques, l'élection de certains dialectes pour la constitution d'une variante officielle de la langue nationale.[46]

Il est important d'observer que, pour appuyer leurs thèses, les pérennalistes ont eu besoin d'une série de preuves historiques qui ne leurs auraient pas été nécessaires dans d'autres circonstances. Mais le développement concurrentiel et antagonique des historiographies nationales a institué l'exigence de démontrer à tout prix la validité de leurs propres arguments. On peut ainsi expliquer pourquoi certains éléments plutôt imaginaires que contingents se sont

---

[46] C'est le cas de la langue serbo-croate, dont la variante officielle a été décidée d'une manière discrétionnaire à Vienne, reposant non pas sur le dialecte kajkavien, parlé par la majorité de la population et proche de la langue du culte religieux (le slavon semblable au russe), mais sur le dialecte stokavien. V., à cet égard, Anne-Marie THIESSE, *op. cit.*

vu accorder une valeur sacrale, sans être sujets à des doutes ou des suspicions. Comme nous l'avons montré, le pérennalisme national a influencé la plupart des domaines susceptibles d'avoir la capacité d'étayer l'idée de continuité nationale. A la fin du XIXe siècle, la majorité des Etats européens et des nations qui se voulaient indépendantes bénéficiaient :

- d'une religion nationale ou, au moins, d'une église nationale autocéphale ou quasi-autonome (dans le cas des peuples majoritairement catholiques) ;
- d'une littérature nationale et patriotique, moteur essentiel de la propagande officielle ;
- d'une peinture nationale (qui reposait non pas nécessairement sur un style spécifique, mais plutôt sur la prédilection pour les « paysages nationaux ») ;
- d'une architecture nationale tirant ses sources, dans certains cas, de l'architecture rurale ;
- d'une musique nationale (à travers l'intégration des éléments folkloriques ou bien « fakeloriques ») ;
- et, enfin, d'une culture de la découverte du pays, par l'intermédiaire des « voyages patriotiques ».

La massification de la culture avait déterminé la multiplication et la vulgarisation de la thèse pérennaliste, y compris de ses variantes nationalistes radicales, plus ou moins agressives.

***

La distinction entre les soutiens de la nation civique et les adeptes de la nation ethnique, dont le modèle a été le clivage historiographique franco-allemand, ne devrait pas être confondue avec la distinction entre les pérennalistes et les modernistes. Bien que la majorité des pérennalistes aient soutenu l'idée de la nation ethnique, pour laquelle ils ont réussi à instituer des vrais cultes nationaux, il n'est pas négligeable que certains adeptes de la nation civique se trouvent dans le camp pérennaliste. Il suffit de prendre le cas d'Ernest Renan, dont la définition de la nation combine une dimension purement civique (« le plébiscite de tous les jours ») avec la thèse de la continuité nationale ininterrompue (« les ancêtres nous ont fait ce que nous sommes »).[47] Pour les pérennalistes civiques, la nation, perçue comme une communauté de citoyens, a vu le jour dans la Grèce antique et a pu être retrouvée, d'une manière isolée, au Moyen Age, sous la forme de certaines Cités-Etats (comme la République aristocratique de Venise), puis dans l'Angleterre prérévolutionnaire. En ce sens, l'existence de certaines formes d'organisation politique reposant sur la suprématie de la loi et, notamment, sur le fonctionnement de certaines institutions à caractère délibératif, représente pour les « pérennalistes civiques » la preuve du fait que les nations ont existé déjà depuis l'Antiquité. Mais les adeptes de cette vision ne prennent pas en considération le fait que

---

[47] Ernest RENAN, *Qu'est-ce qu'une nation ? Et autres essais politiques*, Paris, Presses Pocket, Agora, 1992.

l'organisation politique révèle uniquement l'existence d'un mécanisme de compromis entre les élites des structures communautaires indépendantes : l'organisation de la Grèce Antique reposait sur le principe de la représentation des *dèmes*, qui n'étaient pas constitués par les citoyens, mais maitrisés par les aristocrates. Même dans la cité d'Athènes, dont l'organisation peut paraître pareille à celle des nations modernes, le consensus « démocratique » reposait sur l'existence des mécanismes d'exclusion de plus de quatre-vingt-dix pourcents de la population (esclaves, femmes et étrangers). Les titulaires des droits politiques semblent constituer une *natio*, dans l'une des nombreuses acceptions médiévales du terme, plutôt qu'une nation, au sens de la définition que nous avons proposée ci-dessus.[48]

La thèse pérennaliste a trouvé des adeptes prestigieux non pas seulement parmi les historiens élevés à l'époque du romantisme, mais aussi parmi les historiens contemporains. Marc Bloch considérait qu'on pouvait parler de la conscience nationale dès le XIe siècle :

> « En ce qui concerne la France et l'Allemagne, les textes montrent clairement que la conscience nationale était déjà très développée autour de l'année 1100 ».[49]

Nous ne saurons jamais ce que Bloch entendait par conscience nationale ou s'il croyait que la nation avait apparu en même temps que la conscience nationale, avant ou

---

[48] Une description intéressante des mécanismes du fonctionnement de la démocratie athénienne peut être trouvée dans Claude NICOLET (dir.), *Democratia et aristokratia*, Paris, Presses de la Sorbonne, 1984.

[49] « The texts make it plain that so far as France and Germany were concerned this national consciousness was already highly developed about the year 1100 », *apud* Walker CONNOR, *Ethnonationalism. The Quest for Understanding*, Princeton, University Press, 1994, p. 70. V. aussi Marc BLOCH *La société féodale*, Paris, Albin Michel, 1968.

bien après celle-ci. Ses travaux nous laissent entendre que Bloch appréciait que la conscience nationale fût plutôt une forme d'intériorisation morale de la relation de vassalité, qui avait pris de plus en plus la forme de l'allégeance presque totale face au roi. Quoique rien ne nous permette de supposer que Bloch suggérait l'existence d'une conscience commune – nationale ou bien d'une autre nature – des masses populaires, nous devons classer Bloch dans les rangs des pérennalistes qui ont vêtu le passé dans des concepts contemporains afin de démontrer, d'une manière directe ou indirecte, la continuité des nations. Plus prudent, mais ayant une orientation similaire, le hollandais Johan Huizinga considérait que « le nationalisme avait atteint son apogée dans le cas des nations britannique et française au XIVe siècle », pendant la Guerre de cent ans. Mais, comme Ernest Kantorowicz le montre, le patriotisme, qui avait emprunté la forme du sacrifice sur le front, avait peu à faire avec le nationalisme d'aujourd'hui et était plutôt une conséquence de la culture médiévale chevaleresque.[50]

***

En dépit de ses limites, sur lesquelles nous avons ci-dessus insisté, le pérennalisme représente la première direction théorique d'approche de la genèse et du développement des nations. Cette thèse a le mérite d'avoir apporté des contributions remarquables en ce qui concerne la méthodologie de la recherche et d'avoir mis au centre des préoccupations politiques et intellectuelles des couches

---

[50] V. Ernst KANTOROWICZ, *Mourir pour la patrie*, Paris, Presses Universitaires de France, 1984.

sociales négligées, comme la paysannerie, considérée comme le gardien le plus fidèle du corps et des caractéristiques de la nation. En outre, le pérennalisme a révolutionné l'attitude scientifique à l'égard du passé, et, en tout premier, à l'égard du Moyen Age, sur lequel vont se pencher plusieurs générations de chercheurs et auquel les scientifiques vont accorder dorénavant une importance fondatrice.[51] Enfin, il est nécessaire de préciser que les thèses pérennalistes ont servi, plutôt au su et avec la participation volontaire de leurs soutiens, à l'accomplissement d'un objectif politique bien déterminé, l'édification des Etats nationaux ou leur consolidation. En même temps, en l'absence de l'émergence et de l'essor des thèses pérennalistes, il est peu probable que les thèses modernistes aient pu connaître une telle ampleur théorique.[52]

---

[51] L'historien français Ernest Lavisse a opéré une vraie réhabilitation du Moyen Age, en considérant que seule l'étude de cette période garantirait que les générations d'universitaires à venir seraient élevées dans une « pietas erga patriae ». Voir Ernest LAVISSE, *op. cit.*, p. 25 (5).
[52] Raymond Aron démontre avec précision que le développement des théories interprétatives concernant les grands événements historiques se fait notamment de façon dialectique. V. Raymond ARON, *Introduction à la philosophie de l'histoire. Essai sur les limites de l'objectivité historique*, Paris, Gallimard, 1986, p. 190.

Le modernisme

La nation est une amitié
Charles Maurras

Si la thèse pérennaliste soutient l'atemporalité de la nation et, pour la plupart des auteurs, fait assez peu la différence entre l'ethnie et la nation, les thèses modernistes se concentrent sur l'étude phénoménologique de la nation, identifient des périodes temporelles déterminées où la nation s'était formée et proposent pour la nation des définitions qui sont radicalement différentes des définitions de l'ethnie. Il n'est donc pas surprenant que la famille moderniste a été plutôt rejointe par des sociologues et des philosophes que par des historiens et des géographes, comme ce fut le cas du pérennalisme.[53]

On peut généralement classer les modernistes dans plusieurs sous-catégories, en fonction de leurs préoccupations essentielles. On peut distinguer entre les modernistes dont l'intérêt principal est lié à l'explication du phénomène constitutif des nations, ceux dont les intérêts concernent la schématisation des éléments fondateurs ou catalyseurs des communautés nationales et, finalement, ceux qui se préoccupent de la nation notamment en connexion avec le courant politique qu'elle a généré (ou bien lequel l'a générée), c'est-à-dire, avec le nationalisme. Les divisions et les classifications pourraient bien aller plus loin, mais celles-

---

[53] Cependant, nous assistons de nos jours à une reconsidération de la formation des communautés nationales qui vient de la part des historiens. V., par exemple, Simona NICOARA, *Naţiunea modernă. Mituri, Simboluri, Ideologii*, Cluj, Accent, 2002 (*La nation moderne. Mythes, symboles, idéologies*) ou Brigitte KRULIC, *La Nation, une idée moderne*, Paris, Ellipses, 1999.

ci ne seraient pas à même d'apporter plus de clarté à notre démarche, puisqu'elles n'entraînent pas des clivages méthodologiques radicaux.

Les modernistes se penchent notamment sur le processus de genèse des nations et proposent des théories qui sont, pour la plupart, intégrables d'une manière consistante. En ce qui suit, nous allons analyser les commencements du modernisme, avec Emile Durkheim et Max Weber, nous allons étudier son évolution à travers trois auteurs fondamentaux – Karl Deutsch, Bénédict Anderson et Ernest Gellner – et nous allons essayer de mettre en évidence les changements qui ont eu lieu au sein de la perspective marxiste sur la nation, comme reflet des changements plus larges qui ont eu lieu dans l'ensemble du courant moderniste. La suite logique de cet enchaînement sera marquée par la crise du modernisme et le dépassement de celui-ci.

***

Emile Durkheim est probablement le premier à avoir été préoccupé par la réalisation d'une distinction claire entre la race, l'ethnie et la nation. Si les trois races européennes (balto-slave, celto-romaine et germanique) peuvent être divisées dans plusieurs ethnies, les nations – structures quasiment modernes – dépassent ce cadre originaire et ont des fondements institutionnels qui prennent la forme de l'Etat. Les chercheurs doivent abandonner l'étude des races au profit de l'étude des nations.[54]

Durkheim nous explique le fait que, dans l'évolution des formes d'organisation humaine, les deux types de solidarité

---

[54] Emile DURKHEIM, *Textes*, Paris, Minuit, 2000, vol. 2, p. 224.

– mécanique et organique – se succèdent à travers le temps : les communautés primaires connaissent au début une solidarité mécanique (immédiate, contextuelle et inconstante) qui laisse progressivement la place à la solidarité organique, reposant sur les liens d'intérêts et l'individualisation des membres du groupe. Les sociétés traditionnelles reposent d'une certaine manière sur cette seconde forme de solidarité. Mais la modernité exige de la part des membres d'une société une solidarité absolue, qui est le résultat d'une corrélation entre « le mécanique » et « l'organique ». Cette corrélation est assurée à travers les mythes, qui fonctionnent comme des ressources vitales pour la conscience et l'action collectives. L'internalisation des mythes fondateurs permet aux individus d'avoir la conscience de l'histoire et des intérêts communs, mais aussi d'agir au nom de cette conscience pour le profit de l'intérêt général, même si celui-ci va parfois à l'encontre des intérêts particuliers. Ainsi, la « nation-société » se munit d'un outil vital qui la rend inébranlable ; par conséquent, le rôle du scientifique est plutôt de célébrer cette « forme suprême de solidarité collective » et de l'alimenter du point de vue identitaire et idéologique.[55]

La « nation-société » moderne de Durkheim repose sur un changement à la fois historique et épistémique : Dieu est remplacé par l'homme et l'homme occupe dorénavant la place centrale dans la connaissance. Pour réussir d'une manière plénière, les hommes ont constitué les Nations, les constructions collectives qui assurent de la meilleure façon le progrès de l'humanité. Durkheim est ainsi le premier moderniste, puisqu'il est le premier à nous expliquer que la « nation-société » a été possible seulement au moment où

---

[55] Pour une étude étendue sur la question de la nation chez Emile Durkheim, voir Pierre HEGY, « Durkheim and the Myth of the Nation » in *Myths as Foundation for Society and Values. A Sociological Analysis*, Lewinston-Queenston-Lampeter, Edwin Mellen Press, 1992, pp. 81-113.

l'homme s'est définitivement délivré des contraintes religieuses et a fondé le « culte de soi, le culte de la société », c'est-à-dire à l'époque moderne.

Pour Max Weber, la naissance des nations a un caractère purement social, tout comme la naissance des autres types de communautés – la famille, la tribu ou bien l'ethnie. Weber fait, en tout premier, une distinction entre deux types de processus fondamentaux qui affectent les groupes – la « sociétisation » et la « communautarisation ».[56] La sociétisation consiste dans l'association des individus en raison de leur motivation pour atteindre les intérêts individuels qui deviennent à un certain degré collectifs. Il s'agit d'un processus rationnel, auquel les individus participent consciemment et volontairement. Par contre, la communautarisation est l'agrégation des individus suite au partage d'un sentiment d'appartenance qui provient à son tour de l'habitude de la vie sociale et de l'attachement affectif par rapport à celle-ci.

Au début, Weber s'est efforcé de démontrer que la formation des nations était le résultat d'un processus de communautarisation. A travers les liens ethno-raciaux qui existent au sein d'une communauté, celle-ci acquiert une conscience collective de ce qu'elle a en commun et se donne une organisation politique. Ainsi, dans un premier sens, Weber voit la nation plutôt comme une *ethno-nation* : une forme de communauté qui prend naissance suite à l'organisation politique des communautés ethniques. Selon ce premier sens, la conscience de la culture commune détermine la naissance de la communauté politique, qui intègre les éléments traditionnels de l'allégeance par rapport à la collectivité aux stratégies plutôt modernes et institutionnelles.

---

[56] Max WEBER, *Economie et société*, Paris, Gallimard, 1988, cap. IV, sect. 4.

Fig. n° 2. Le mécanisme de synthèse de *l'ethno-nation* chez Weber : la communautarisation.

Pour expliquer le processus de différenciation des nations les unes par rapports aux autres, Weber avance le concept d'*intelligibilité*. Ainsi, les individus comprennent mieux les actions de ceux qui parlent la même langue et ont les mêmes coutumes que les actions des personnes qui ne le font pas. D'une manière cumulative, toutes ces compréhensions différenciées ont comme résultat une capacité collective de « se connaître et se conduire » ensemble, voire une intelligibilité significativement plus élevée à l'intérieur du groupe qu'à l'extérieur de celui-ci. Mais au lieu de conforter la confiance de Weber dans ce premier sens de la nation, l'observation sur l'intelligibilité la secoue fortement. Le fondateur de l'école sociologique allemande commence à se poser des questions sur la signification de l'intelligibilité dans la constitution des nations nouvelles, telles les nations formées aux Amériques. Est-ce que les colons bénéficiaient des mêmes conditions que les Européens dans la constitution des *ethno-nations* ? Comment est-ce que ces nations-là se sont formées, en absence des bases ethnoculturelles proprement dites ? Sont-elles vraiment des *ethno-nations* ?

Suite à la reconsidération des bases ethniques des nations, Weber affirme que la « nation ne devrait pas être définie en raison de l'origine ethnique ».[57] Ses recherches se recentrent sur les processus de modernisation du monde occidental, notamment sur la rationalisation et la bureaucratisation de celui-ci. Le renversement de la perspective wébérienne détermine la constitution d'un second sens de la nation, plutôt lié à la version durkheimienne, *nation-société*. Conformément à ce deuxième sens, la nation résulte d'un processus de sociétisation, géré et coordonné par l'Etat qui a cointéressé la bourgeoisie dans l'édification de la collectivité nationale. Si la thèse wébérienne sur l'effet constitutif de la Réforme religieuse sur le comportement capitaliste est largement connue, la thèse de l'influence de la modernisation sur la création des nations a été assez négligée. Mais c'est justement à partir de ce deuxième sens de la nation que les émules de Weber ont donné naissance à la lignée moderniste, préoccupés, à l'instar de leur inspirateur, par l'étude de l'action perpétrée par les institutions de modeler et même d'engendrer des communautés nationales.

---

[57] *Ibid.*

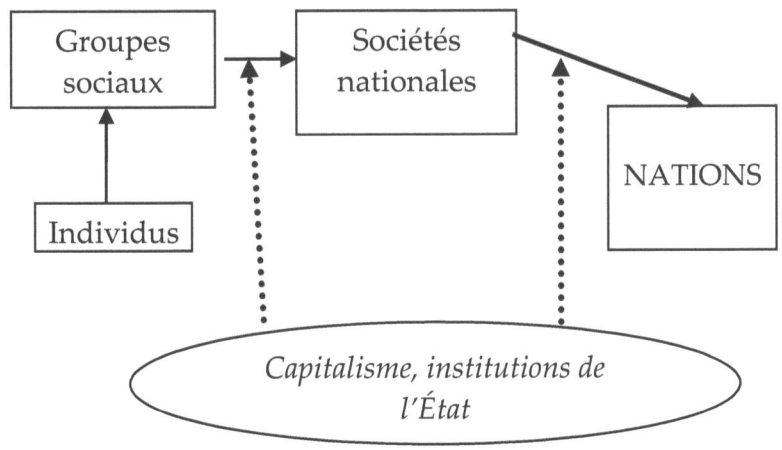

Fig. n° 3. Le mécanisme de synthèse de la *socio-nation* chez Weber : la sociétisation.

L'héritage de Weber a pesé lourd sur les démarches des modernistes, qui ont repris l'idée motrice du deuxième sens wébérien de la nation pour l'élargir et pour l'approfondir. Dans les années cinquante, Karl Deutsch est l'un des pionniers des études sociologiques de la nation à avoir fourni une explication intégrée du phénomène national. Pour Deutsch, la nation est née du processus de mobilisation sociale, qui a eu lieu dès le début de la modernité, mais qui a connu un essor exceptionnel notamment dans la période industrielle. Deutsch entendait par la mobilité sociale

« l'insertion constante des individus par l'intermédiaire de la vie économique, dans des réseaux de communication de masse ».[58]

---

[58] *Apud* Dominique SCHNAPPER, *La relation à l'autre. Au cœur de la pensée sociologique*, Paris, Gallimard, 1998, p. 390. V. aussi Karl

Le sentiment national est le résultat du développement des moyens d'échange matériel et des modalités de communication. Le scientifique a ainsi la possibilité de déterminer rétrospectivement le degré de « nationalisation » d'une certaine communauté, en mesurant, à travers les indicateurs pour lesquels il y a des sources assez précises, l'évolution du degré d'urbanisation ou bien le degré d'homogénéisation des vêtements des paysans.

En avançant une formule qui a fait florès, Deutsch a désigné par le terme de *nation building* (construction nationale) l'ensemble des éléments et des processus ayant déterminé la formation des communautés nationales. Mais ce terme visait seulement l'appréhension d'une réalité à sens unique : l'Etat, par sa volonté et son omniscience, le capitalisme, par sa « sorcellerie » économique et sociale, ont déterminé la transformation des larges couches populaires amorphes dans des acteurs sociaux proprement dits. A tel point que Deutsch n'accordait aucune importance aux traits prédéterminés de toute sorte. En fait, selon lui, les particularismes ethniques étaient voués à la disparition. De surcroît, il prétendait que même les traits ethnoculturels des groupes dominants allaient s'effacer dans la masse indéfinie de la nation.

Quelque critiquable qu'elle soit pour les prédictions hasardées sur l'effacement des ethnies (qui, par ailleurs, ont été infirmées par l'évolution historique), l'explication de Deutsch a fourni une idée importante : la formation des nations est plutôt un phénomène de construction, c'est-à-dire d'assemblage de plusieurs pièces antérieurement disparates. C'est justement cette piste que nous allons suivre dans la deuxième partie. En plus, Karl Deutsch nous a mis en garde

---

DEUTSCH, *The Nation Building*, London, Macmillan, 1992 ; Karl DEUTSCH, *Nationalism and Social Communication. An Inquiry into the Foundation of Nationality*, Cambridge. London, MIT Press, 1969.

quant aux risques d'une théorisation constructiviste qui tienne compte seulement de la volonté et de l'action d'un unique « maître-bâtisseur », tout en ignorant l'existence des autres forces qui interviennent d'une manière plus ou moins délibérée dans le plan de l'édifice national en question. Selon une formule également célèbre, Bénédict Andreson considérait que la nation était une « communauté imaginée » dont l'existence a été possible seulement dans les conditions spécifiques de la modernité.[59] La première condition visait l'émergence d'une vision linéaire du temps qui a remplacé, à l'aube de la modernité, l'ancienne vision cyclique héritée de l'Antiquité à travers le Moyen Age.[60] Une telle vision a permis la projection des actions collectives à long terme à l'abri des menaces du passé. Puis, l'existence de la langue commune était la seule à pouvoir permettre la communication efficiente à l'intérieur de la même communauté. L'homogénéisation linguistique a été favorisée par ce que Benedict Anderson appelle « le capitalisme d'imprimerie », voire le capitalisme qui concentre les investissements dans la presse et dans l'exploitation de la distribution des matériels imprimés. Le résultat est un vrai « système culturel », au sein duquel l'interaction directe est remplacée par l'interaction biaisée par l'intermédiaire des moyens de communication de masse. Troisième condition – la coïncidence entre les « frontières de l'opportunité sociale » et les frontières nationales. Cette condition-ci marque à la fois une ouverture et une clôture. En faisant en sorte que les chances de réussite sociale des individus soient possibles à l'intérieur des frontières nationales, les membres de la communauté sont invités à

---

[59] Bennedict ANDERSON, *Imagined Communities. Reflections on the Origins and Spread of Nationalism*, London, Verso, 1983.
[60] Anderson parlait de l'existence d'un « homogeneous empty time ». V. Steve REICHER, Nick HOPKINS, *Self and Nation: Categorization, Contestation and Mobilization*, London, Sage Publications, 2001, p. 14.

dépasser l'espace limité de leurs villages et régions et de chercher leur bonheur partout à l'intérieur du pays tout entier, en bénéficiant théoriquement tous des mêmes conditions. La limitation vient du fait que les possibilités de dépasser les frontières nationales deviennent, toujours d'une manière théorique, plus restreintes, du fait que les autres communautés nationales cherchent, en tout premier, à donner la priorité sociale à leurs propres membres.[61]

Anderson démontre ainsi que la différence qualitative entre la nation et les communautés antérieures réside surtout dans la capacité culturelle de la nation de rassembler ses membres autour d'une idée commune et intelligible de « l'être ensemble ». L'Etat joue en ce sens le rôle principal, puisqu'il emploie ses mécanismes bureaucratiques en créant « un anonymat souverain », perçu comme tel par des individus ayant, *a priori*, des caractéristiques culturelles, des traditions et des orientations politiques différentes. En s'y prenant de cette manière, Anderson néglige quand même le rôle réactif des identités pré-modernes et leur capacité d'autoreproduction, même à l'encontre d'une structure officielle qui leur est parfois hostile.

Ernest Gellner reprend les idées d'Anderson, tout en considérant que c'est le système national d'éducation qui a été la source principale de la « nationalisation » des masses populaires. La nation est tributaire à la diffusion de la culture et de l'enseignement, les seuls qui permettent l'accès d'un individu au statut de citoyen. Gellner nous explique qu'à l'époque moderne les individus étaient de plus en plus conditionnés par l'acquiescence d'une qualification professionnelle dans la recherche d'une vie meilleure, vu le fait que la division moderne du travail exigeait des

---

[61] Ainsi, la possibilité de monter socialement en rejoignant une armée de mercenaires afin de lutter pour un autre pays que le sien devient presque nulle dans la période moderne, alors qu'elle était fréquente au Moyen Age.

compétences techniques de plus en plus spécifiques. L'Etat a saisi l'opportunité d'homogénéiser à travers l'éducation et est devenu ainsi le promoteur unique de l'enseignement officiel. Alors que l'Etat ne se contente plus d'être seulement « le détenteur du monopole de la contrainte légitime », mais se veut aussi le fournisseur sans partage de l'éducation légitime, la nation peut être définie comme

> « l'unité politique minimale capable d'offrir à ses membres l'éducation nécessaire pour l'obtention des richesses ».[62]

Gellner traite la nation et le nationalisme d'une perspective chronologique et idéologique inverse : la nation semble être le résultat du nationalisme et non pas le vice-versa. Selon lui, ce furent la volonté de l'Etat d'établir des communautés et sa capacité de manipuler la mainmise sur le système d'éducation qui ont généré la conscience nationale et donc la nation. Gellner nous propose aussi de nous imaginer ce qui aurait pu arriver en Europe au cas où la révolution industrielle avait précédé les séparations et les sédimentations linguistiques. Dans ce cas-là, les grands empires auraient eu plus de chances de survivre et probablement c'auraient été eux à avoir manipulé la constitution des communautés, en engendrant ainsi « un nationalisme post-impérial, pan-romain ».[63]

La théorie de Gellner apporte certainement une contribution remarquable au développement de la thèse moderniste. Mais la surestimation du rôle du nationalisme et, notamment, le crédit surdimensionné qu'il accorde à l'Etat pour sa capacité de viser des objectifs généraux mais bien précisés et de les atteindre tout en manipulant les

---

[62] Ernst GELLNER, *Nations and Nationalism*, Oxford, Blackwell, 1983, p. 25.
[63] *Apud* SCHNAPPER, *op. cit.*, p. 390.

individus sont autant de points faibles de la démarche gellnérienne.[64] Dans la deuxième partie, tout en retenant l'apport des idées de Gellner, nous allons essayer d'éviter la surestimation du rôle de l'Etat et la minimalisation du rôle des communautés identitaires dans la construction de la nation.

***

Il serait sans doute possible de pousser l'analyse du modernisme plus loin, en prenant en considération, comme l'a fait Dominique Schnapper, les travaux de certains auteurs comme Seymour Lipset, Talcott Parsons, ou Ferdinand Tönnies. Les contributions de ces auteurs sont, sans doute, remarquables, mais reprennent plus ou moins les arguments analysés ci-dessus. On peut observer que la définition des nations comme étant des « communautés sociétales », proposée par Parsons, va dans le sens de la seconde vision de la nation de Weber.[65] En même temps, l'analyse de l'opposition entre *Gemeinschaft* (communauté) et *Gesellschaft* (association), avancée par Tönnies, à laquelle il associe l'opposition entre l'ethnie et, respectivement, la nation, représente seulement une forme de radicalisation du discours moderniste, censée démontrer la nature foncièrement civique et politique de la nation et son

---

[64] Gil Delannoi parle de deux possibilités de définir la nation : celle par sa sous-estimation et par la surestimation du rôle du nationalisme et celle par la surestimation de l'essence de la nation et la marginalisation des idéologies. V. Gil DELANNOI, *op. cit.*, pp. 40-5.
[65] V. Talcott PARSONS, *Societies: An Essay On Their Compared Evolution*, Chicago, MIT Press, 1971.

caractère historiquement révolutionnaire.[66] Mais cette vision radicale est d'autant plus susceptible à des questionnements qu'elle présente la nation comme le résultat d'une volonté abstraite des individus qui s'associent pour atteindre leurs objectifs et qui ont la capacité de mettre entre parenthèses et de neutraliser l'ensemble de leurs héritages ethniques.

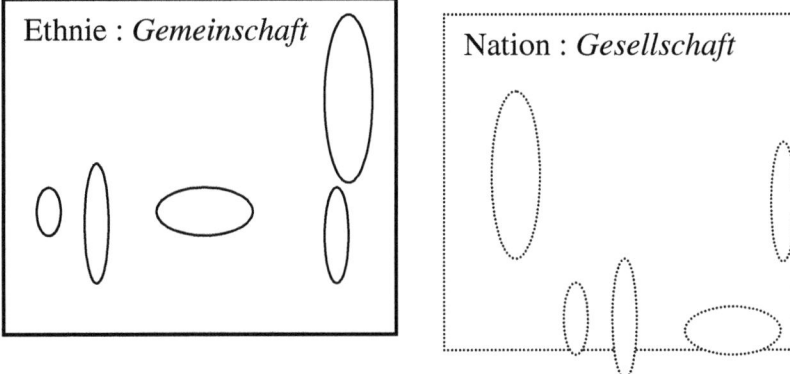

Fig. n° 4. La représentation de l'opposition entre l'ethnie et la nation chez Ferdinand Tönnies. Les figures ovales représentent les individus. A gauche, les lignes en gras représentent la rigidité des relations de possession et de domination symbolique. A droite, les lignes ponctuées représentent le contour ouvert de la nation et le caractère permissif des relations à l'intérieur de celle-ci.

La pensée marxiste de la nation a été soumise à plusieurs inflexions historiques et idéologiques. Elle est importante puisqu'elle nous donne l'image de la complexité des approches de la nation et souligne la nécessité du maintien d'un maximum de neutralité idéologique dans l'étude de celle-ci. En plus, le marxisme nous démontre le fait que,

---

[66] Ferdinand TÖNNIES, *On Sociology: Pure, Applied, and Empirical*, Chicago, Chicago University Press, 1971, p. 220.

malgré les efforts de minimiser l'importance de « la question nationale », celle-ci est revenue à plusieurs reprises sur le devant des débats intra- et inter-idéologiques, et a fini par contribuer essentiellement au bouleversement de la pensée marxiste.[67]

Dans un premier temps, la tradition marxiste a développé une réflexion sur la nation comme le résultat des conflits de classe : instrumentée, au début, par la nouvelle aristocratie, puis par la bourgeoisie qui accaparaît le pouvoir politique, la nation était, pour Karl Marx, une création artificielle par laquelle on essayait d'empêcher l'émergence de la conscience de classe des ouvriers.[68]

Après la Première Guerre mondiale et le triomphe des « unions sacrées » nationales, les marxistes ont amendé leur vision de la nation, du moins en ce qui concerne deux aspects. Du point de vue strictement théorique, ils ont essayé d'internaliser les leçons de la « défaite » du socialisme pendant la Grande Guerre et ont relativisé la thèse de la nature purement discrétionnaire des éléments qui composent la supra-structure et du caractère quasiment coercitif du maintien de l'ordre capitaliste. Avec Antonio Gramsci, la nation devient plutôt un « bloc historique » formé par les classes d'en-haut et les classes d'en-bas, à travers des moyens de persuasion et de contrainte, afin de faire face à la concurrence des autres unités similaires.[69] Les reflets actuels de la vision gramscienne sur la nation sont présents, par exemple, chez Alain Bihr :

---

[67] L'une des meilleures synthèses critiques de l'évolution du marxisme sur la question nationale est celle de G. Haupt et de ses collaborateurs. Voir Georges HAUPT, Michael LÖVI, Claudie WEILL, *Les marxistes et la question nationale*, Paris, Maspero, 2000.

[68] « On a accusé les communistes de vouloir abolir la patrie, la nationalité. Les ouvriers n'ont pas de patrie. On ne peut leur ravir ce qu'ils n'ont pas », Karl MARX, Friedrich ENGELS, *Manifeste du Parti communiste*, Paris, Le Temps des Cerises, 1995.

[69] Antonio GRAMSCI, *Lettres de prison*, Paris, Gallimard, 1971.

« La nation est un bloc social (un système d'alliance des classes fusionnées) autour du projet de sédimenter, de maintenir et d'améliorer les positions concurrentielles d'une fraction du capitalisme mondial et qui prend la forme de l'État de droit (communauté de citoyens) ».[70]

Un amendement théorique important a été fourni par l'école austro-marxiste. L'influence de la coexistence mosaïquée des peuples au sein de l'Empire autrichien et austro-hongrois a provoqué chez Otto Bauer une réflexion sur la dimension constitutive du caractère national dans les relations sociales et économiques. Ainsi, les nations deviennent des *Schicksallgemeinschaft* ou des communautés de destin au sein desquelles il existe une solidarité qui ne peut pas être remplacée par la conscience de classe. Pour devenir effective, la conscience de classe doit plutôt se combiner avec la conscience nationale.[71] A son tour, Karl Renner explique l'existence d'une sous-strate nationale sur laquelle les institutions se sont ultérieurement greffées, de manière que la nation est devenue une « association sociologique » dont le remplacement sera difficile ou même impossible.[72]

Du point de vue de la stratégie politique, V. I. Lénine et notamment I. V. Staline ont proposé des programmes qui ont manipulé l'idée des caractères nationaux des peuples. En 1913, Staline donne une définition de la nation qui a peu à voir avec l'idée d'origine des fondateurs du marxisme :

---

[70] Alain BIHR, *Le crépuscule des Etats-nations. Transnationalisations et crispations nationalistes*, Lausanne, Ed. Page Deux, 2000, p. 188
[71] V. Otto BAUER, *La question des nationalités et la social-democratie*, Paris, Pléiade, vol. I, 1985.
[72] Karl RENNER, *La Nation, mythe et réalité*, Nancy, Presses Universitaires, 1998, pp. 25-30.

« La nation est une communauté historiquement évoluée et stable reposant sur une communauté de langue, de territoire, de vie économique et de constitution psychologique qui se manifestent à travers une culture commune ».[73]

A travers son caractère plutôt pérennaliste et romantique, cette définition marque une différence essentielle par rapport aux idées de Marx : le caractère de la nation est ainsi vu comme étant quasiment objectif, ses traits sont perçus comme étant spécifiques et son unité est décrite comme étant historiquement cimentée. Le Parti Communiste avait donc la tâche de conquérir en tout premier la nation pour imposer son ordre politique (la thèse du socialisme dans un seul pays) et non pas la classe, dont l'existence est beaucoup plus récente et trop diffuse.[74]

C'est à travers la combinaison de ces deux visions ouvertement opposées que la théorie marxiste orthodoxe de la nation s'est constituée dans la première moitié du XXe siècle.[75] Conformément à celle-ci, les relations de production ont lieu dans un contexte ethno-national prédéterminé, qui consiste dans le fait que les membres des classes différentes parlent la même langue et aient des habitudes culturelles parfois semblables. Il y a donc une donnée apriorique ethnoculturelle qui est objective, de la même manière que le reste des relations sociales le sont. Mais ces données plutôt objectives ont été manipulées par l'idéologie de la classe bourgeoise – le nationalisme – afin

---

[73] *Apud* Steve REICHER, Nick HOPKINS, *op. cit.*, p. 14.
[74] Pour une analyse plus complexe des théories léninistes et stalinistes de la nation, v. Walker CONNOR, *The National Question in Marxist-Leninist Theory and Strategy*, Princeton, University Press, 1984.
[75] Les termes d'orthodoxie et néo-orthodoxie marxiste appartiennent à Paul James et correspondent aux sens qu'il emploie dans Paul JAMES, *Nation Formation. Towards a Theory of Abstract Community*, London, Sage Publications, 2002, p. 105, note n° 7.

de légitimer sa domination sur la classe ouvrière. Il y a donc un clivage entre le côté concret – la communauté objective de langue et de culture – et le côté abstrait – l'emploi idéologique de ces éléments-ci par le pouvoir politique. Le rôle de l'intellectuel marxiste devient celui de « dénationaliser le pouvoir et de dépolitiser la nation ».

Dans un troisième temps, cette vision a été secouée par la décolonisation et l'émergence du nationalisme ultra-ethniciste dans une bonne partie des pays en voie de développement. La série de ruptures avec le structuralisme qui commence à la fin des années soixante n'épargne point le « marxisme orthodoxe » et sa conception de la nation. Ainsi, les challengers de la vision orthodoxe, à commencer par Tom Nairn,[76] reviennent sur le rôle structurant des relations ethno-nationales sur les relations sociales et relativisent le clivage entre l'abstraction de l'idéologie nationaliste et la concrétude des réalités ethno-sociales. Le nationalisme est ainsi le résultat non pas nécessairement d'un « complot de classe », mais plutôt d'un compromis de masse. Les promoteurs les plus fervents du nationalisme n'ont pas toujours été les bourgeois, mais les intellectuels, comme dans le cas de l'Ecosse, au XIXe siècle. De surcroît, la structuration des nations n'a pas seulement des causes intérieures, mais, dans la plupart des cas, repose sur les différences des degrés de développement économique et social entre plusieurs Etats voisins. Et, enfin, les relations à l'intérieur des « bases » ne sont pas aussi naturelles que les marxistes traditionnalistes ne le croyaient, mais sont parfois

---

[76] Le premier article « révisionniste » de Tom Nairn a été « The Three Dreams of Scottish Nationalism », publié dans la *New Left Review*, en 1968. Sa confrontation avec le marxisme orthodoxe a continué par la publication des deux livres *The Break-Up of Britain: Crisis and Neo-Nationalism*, en 1981 et *The Enchanted Glass*, en 1988.

elles-mêmes des constructions discursives qui se « naturalisent » à travers la répétition et la pratique sociale.[77]

***

Les ébranlements dont les thèses marxistes ont souffert à travers le temps donnent la mesure de l'incapacité du modernisme de fournir une théorie consistante et non-autocontradictoire qui soit complètement délivrée du legs pérennaliste. En général, les modernistes expliquent d'une manière beaucoup trop légère la capacité de la nation d'intégrer dans son corps les éléments culturels minoritaires, les ethnies et les structures institutionnelles des ethnies, mais aussi les vastes communautés sociales divergentes. La valorisation des avantages économiques ne paraît pas être une explication suffisante pour le succès de la nation, d'autant plus que les modernistes négligent généralement la démonstration de l'existence des réseaux verticaux et horizontaux qui auraient pu mener à la popularisation des intérêts communs. Il est d'autant moins plausible qu'on a eu à faire avec l'émergence précoce des Etats ayant une capacité élevée d'agréger les communautés et de les diriger uniquement dans le sens du soutien du projet national.

Le volontarisme que les modernistes arrogent aux structures intéressées dans l'activation des éléments générateurs de la nation est pour au moins exagéré, d'autant plus que l'existence d'une telle « intelligence » institutionnelle à l'époque reste assez douteuse. En ce qui concerne la période antérieure au XIXe siècle, on peut considérer que les modernistes ont surestimé l'imagination politique et la perspective projective des élites dans la construction identitaire des communautés nationales.

---

[77] V., à cet égard, Ernesto LACLAU, *La raison populiste*, Paris, Seuil, 2008.

Par-delà le pérennalisme et le modernisme

Dans les années soixante et soixante-dix, un courant contestataire a déferlé sur l'ensemble des sciences et des idéologies. Dans le domaine des études de la nation, le modernisme a été secoué par la renaissance des nationalismes ethniques et l'émergence du concept « d'ethnicité »[78] qui mettait en cause la neutralité civique de l'Etat et sa capacité d'intégration des minorités ethnoculturelles.

Au début, les auteurs qui ont questionné le modernisme ont été eux-mêmes traités de modernistes, puisqu'ils ont fait la différence entre l'ethnie et la nation d'une manière assez nette. Mais l'ensemble de leurs théories transcendent effectivement le modernisme, puisque l'ethnie est récupérée et replacée au centre des explications sur la nation.

La séparation entre les nations et les formes d'organisation antérieures et la recherche d'une continuité entre la nation et celles-ci représentent les provocations les plus importantes pour les théoriciens de cette catégorie. La question essentielle que les chercheurs de la nation des années soixante-dix se sont posée a été celle de savoir si la nation était ou non la continuatrice de l'ethnie. Au cas où la réponse à cette question était positive, il fallait identifier le contexte et les modalités de différenciation entre la nation et l'ethnie. Par contre, si la réponse n'était pas positive, il était nécessaire d'établir les relations constituées entre les ethnies et les nations et la façon dont ces relations se sont établies.

---

[78] V. Thomas Hyllund ERIKSEN, *Ethnicity and Nationalism*, Londres, Pluto Press, 1993, notamment le 1er chap., "What is ethnicity?", pp. 1-19.

Par leur complexité et leur radicalité, deux réponses à ces questions semblent particulièrement intéressantes – celle de Pierre van den Berghe et celle d'Anthony D. Smith. Van den Berghe s'attaque au modernisme en renouant, en quelque sorte, avec le darwinisme social. Pour lui, la nation est moins un produit culturel qu'un produit biologique. Les données génétiques sont plus importantes que l'acculturation, au sens où elles produisent des agrégations groupales et des comportements collectifs plus stables et plus consistants. Les relations ethniques reposent sur une ascendance commune (*kinship*), puisque la préférence pour les pareils n'est pas seulement le résultat de la projection de la conscience individuelle sur l'identité groupale, mais aussi un « acte spontané et naturel ». La constitution des ethnies comporte donc une explication plutôt génétique, liée à l'instinct animal d'association préférentielle qui repose sur la ressemblance, le rapprochement et l'intérêt immédiat (« l'esprit de horde »).[79] Van den Berghe observe que l'ethnicité est profondément intériorisée, grâce à sa nature semblable à la nature de la parenté ; elle est donc naturelle et tend à structurer les comportements des individus, en privilégiant les relations dans le cadre du groupe et en donnant ainsi naissance à la culture collective.[80]

A travers le temps, les ethnies sont sujettes à des métamorphoses, mais celles-ci n'affectent pas la primauté de la donnée ethnique sur les autres éléments qui structurent la nature et les comportements des groupes. La nation n'est qu'une des hypostases de l'ethnie, qui réussit à mieux répondre aux exigences de la modernité. La nation est l'ethnie qui garde son infrastructure et notamment sa

---

[79] Cette vision est consistante avec l'explication de Durkheim sur la solidarité organique, dont il est question dans le chapitre précédent de notre livre.
[80] V. Pierre VAN DEN BERGHE, *The Ethnic Phenomenon*, New York, NY Printers, 1981.

capacité de reproduction et d'élargissement, mais qui les adapte au cadre abstrait de la modernité, à travers sa dimension civique et progressiste.

Ce qui manque à la théorie de Van den Berghe est justement l'explication concrète de la reproduction sociale et institutionnelle de l'ethnie par la nation. Si le népotisme est la manière privilégiée à travers laquelle les groupes se construisent, comment l'Etat moderne a réussi à intégrer des groupes profondément halogènes au sein de la même nation ? Si le politique est uniquement une adaptation institutionnelle de l'ethnoculturel, comment se fait-il que, pour une longue période de l'histoire, le politique n'a pas été corrélé avec l'ethnoculturel ?

La réponse d'Anthony D. Smith est plus prudente pour ce qui est de la nature du phénomène ethnique, mais encore plus tranchante en ce qui concerne la nature ethnique des communautés nationales.[81] Pour Smith, les nations n'existent pas du point de vue sociologique, puisqu'elles reproduisent l'infrastructure des ethnies et reposent entièrement sur le contenu de celles-ci. A l'époque moderne, la conscience ethnique a été ravivée et rafraîchie par la nation, qui a gagné de cette manière une place privilégiée dans l'histoire. Ainsi, la nation est définie comme « une forme politique récente », spécifiquement moderne, mais vide, en l'absence du squelette ethnique.

Pour Smith, l'identité nationale apparaît comme une réinterprétation de l'identité ethnique dans un contexte moderne.[82] L'Etat a le rôle d'assurer le maintien de l'identification collective aux repères symboliques de l'ethnie, d'être le gardien de la conscience ethno-nationale et de stimuler à travers le couple Etat-nation la consolidation de la légitimité politique de cette structure collective. C'est

---

[81] V. Anthony D. SMITH, *The Ethnic Origins of Nations*, London. New York, Blackwell, 1986.
[82] Anthony D. SMITH, *National Identity*, Penguin Books, 1991, pp. 12-8.

ainsi qu'on explique la prééminence de l'Etat-nation par rapport aux autres formes d'organisation politique et sociale.[83]

Pour Smith, les nations sont donc tellement abstraites qu'elles ont besoin du support des ethnies pour s'imposer dans la conscience des individus. En d'autres mots, les ethnies offrent aux nations non seulement la base sociale, mais aussi le fondement de leur existence, la « renaissance contemporaine des identités ethniques » en étant la preuve : les nations mono-ethniques semblent faire face aux provocations de la mondialisation mieux que les nations qui se prétendent pluriethniques, justement grâce au fait qu'elles sont les continuatrices directes et exclusives des ethnies.[84] La réponse de Smith à la seconde question est donc que la séparation ethnie-nation n'a jamais eu lieu.

Smith réduit quand même excessivement les identités nationales aux identités ethniques, en considérant qu'à cause du fait que la nation n'est pas une réalité sociale, l'identité nationale ne pourrait pas constituer une identité sociale non plus. Ce que Smith néglige, c'est justement la capacité identitaire de la nation de se percevoir d'une manière suffisamment flexible pour permettre, à la fois, l'intégration générale de ses propres membres et l'intégration des exo-groupes. Même si on peut retenir l'observation de Dominique Schnapper, selon laquelle « le système mythico-symbolique de l'ethnie n'a jamais été dépassé par la nation »,[85] il faut noter quand même qu'on lui a attaché une composante politique suffisamment importante pour que le politique devînt une partie intégrante de sa propre définition. L'existence de « l'ethnicité fictive », même sous une forme

---

[83] V. Anthony D. SMITH, *Nations and Nationalism in Global Era*, Cambridge, University Press, 1995, notamment pp. 25-37.
[84] Anthony D. SMITH, *The Ethnic Revival in the Modern World*, Cambridge University Press, Cambridge, 1981, pp. 56-8.
[85] Dominique SCHNAPPER, *La communauté des citoyens, op. cit.*, p. 18.

résiduelle et même dans le cas des nations qui se définissent uniquement d'une manière civique, nous permet de supposer que le lien entre la nation et l'ethnie représente l'élément-clé de la compréhension du processus constitutif des nations. La théorisation que nous essayerons de proposer dans la seconde partie tentera de tenir compte de cette dernière observation.

***

Le pérennalisme, le modernisme et les tentatives de dépasser les deux théories, brièvement analysés dans cette première partie, démontrent la richesse de la littérature scientifique qui traite de la naissance de la nation et l'existence d'une variété de perspectives dans l'approche du sujet. Cette première partie a mis également en évidence les limites des approches « traditionnelles » de la nation et l'ampleur du facteur idéologique dans le traitement du sujet par de nombreux chercheurs. Aux oppositions entre les visions nationales se sont rajoutées les oppositions entre les sensibilités idéologiques et les rivalités des écoles de pensée concurrentes. Tous ces facteurs ont pesé non pas seulement sur l'articulation de certaines positions, mais aussi sur la préparation des recettes méthodologiques. Généralement, les pérennalistes ont temporellement avancé l'existence de la conjugaison entre le politique et le national, en accordant à l'ethnie une dimension nationale invraisemblable à l'époque de sa prétendue genèse. Les modernistes ont fait de la nation un emblème de la modernité et l'ont rendue abstraite, au point de la fondre dans la démocratie ou dans l'Etat de droit.

Le tableau d'en bas surprend les prismes principales à travers lesquelles la nation a été investiguée, sans tenir compte de la place des auteurs dans les classifications que nous avons opérées dans ce chapitre.[86]

La perspective sur la nation	Exemples d'auteurs
La nation comme réalité historique pérenne	J. Michelet, A. Thierry, E. Lavisse, N. Iorga, M. Bloch
La nation comme réalité sociologique	E. Durkheim, M. Weber, S. Lipset, F. Tönnies
La nation comme résultat des conflits de classe	K. Marx, A. Bihr, E. Balibar
La nation comme destin historique	E. Renan, R. Debray, O. Bauer
La nation comme prolongation de l'ethnie	A. Smith, P. Van den Berghe
La nation comme projet politique	D. Schnapper, J.-Y. Guiomar
La nation comme idéologie (le nationalisme)	E. Gellner, G. Hermet
La nation comme imagination collective	B. Anderson, A.-M. Thiesse, E. Hobsbawm

Tableau n° 1. Approches de la nation. Exemples

---

[86] Nous avons laissé en dehors de cette classification les auteurs dont les orientations sont plutôt proches du constructivisme et dont nous allons nous occuper dans la seconde partie.

LA THÉORIE DE LA NATION COMME IDENTITÉ COLLECTIVE

> *L'esprit donne l'idée d'une nation ; mais ce qui fait sa force sentimentale, c'est la communauté de rêve.*
>
> André Malraux

L'analyse faite dans la première partie de ce livre a mis en évidence la nécessité d'une théorie qui dépasse le clivage pérennalisme-modernisme, tout en intégrant la somme des explications viables offertes par chacune des deux théories dans une structure logique capable de rendre le phénomène national compréhensible. Dans l'effort de formuler une théorie, une option initiale concernant la manière dont nous entendons traiter la réalité historique s'impose. Autrement dit, il faut choisir l'instrument théorique adapté pour notre démonstration et, en même temps, il faut assumer la mise à l'écart des moyens qui puissent nous guider vers une autre façon d'organiser la recherche.

Comme nous l'avons vu dans la première partie, plusieurs approches théoriques de la nation sont possibles. En se référant à l'Etat-nation, Charles Tilly identifie trois types d'approches méthodologiques.[87] Le premier consiste dans la postulation des « théories du développement », à

---

[87] Charles Tilly, "Western State-Making and Theories of Political Transformation" in Charles TILLY (ed.), *The Formation of National States in Western Europe*, Princeton, University Press, 1975, pp. 601-39.

travers lesquelles nous pouvons analyser et standardiser les processus de transformation politique de tout type d'unité sociale. Il s'agit d'une démarche quasiment moderniste, même si elle suppose parfois l'analyse des phénomènes historiques spécifiques à la période finale du Moyen Age (et donc la connaissance détaillée de la période en question). Dans cette première catégorie, on peut inclure deux sous-catégories – les théories séquentielles (qui supposent la division des évolutions historiques en étapes auxquelles correspondent autant de séquences distinctes) et les théories relationnelles (qui supposent la considération du phénomène national dans son ensemble et l'exploration des relations qui surgissent entre les principaux acteurs).

Prenons un exemple. L'un des chercheurs qui ont construit une théorie encadrée par Tilly dans cette première catégorie est Cyril Black. Black identifie quatre étapes de la modernisation, qui correspondent, selon lui, aux étapes de l'édification de la nation moderne :

- la provocation (la confrontation initiale avec la société traditionnelle, dans le cadre gnoséologique préexistant) ;
- la consolidation du leadership moderne (le transfert du leadership des acteurs traditionnels aux acteurs modernes, avec les confrontations inhérentes) ;
- la transformation économique et sociale (notamment l'urbanisation et l'industrialisation de la société) ;
- l'intégration de la société (la réorganisation des structures sociales par l'intermédiaire de la négociation entre les acteurs).

Comme Tilly l'observe, cette périodisation a le désavantage de cacher les phénomènes qui ne sont pas strictement politiques. Nous pouvons quand même retenir l'approche de Black comme une possible variante pour le modèle théorique que nous essayerons de construire en ce qui suit.

Une deuxième catégorie est celle des *théories fonctionnelles*, qui ne précisent pas le processus à travers lequel les « Etats-nations » ont vu le jour, mais énumèrent plutôt les caractéristiques nécessaires pour que les Etats-nations deviennent opérationnels.[88] Enfin, une troisième catégorie identifiée par Tilly est celle des théories historiques qui décrivent les caractéristiques de certains régimes et formes d'organisation. A travers les relations individuelles qu'ils développent au niveau international, ces derniers affectent à long terme et à l'échelle planétaire l'ensemble de l'état des choses. Par exemple, les théories marxistes et néo-marxistes font partie de cette dernière catégorie.

Où allons-nous encadrer l'exercice théorique auquel nous avons l'intention de nous livrer en ce qui suit ? Puisque nous voulons expliquer, avant tout, la dynamique constitutive des nations, nous pourrions commencer par l'identification des fonctions des nations et, puis, par la découverte de la façon dont chacune de ces fonctions est devenue opérationnelle. Nous parviendrions ainsi à établir les processus qui ont déterminé l'apparition des fonctions en question, ce qui équivaudrait à l'identification de l'ensemble des processus qui ont mené à la constitution des nations.

---

[88] Pour une explication détaillée concernant les théories fonctionnelles, v. Gabriel ALMOND, "Introduction: A Functional Approach to Comparative Politics" in Gabriel ALMOND, James S. COLEMAN (eds.), *The Politics of the Developing Areas*, Princeton, Princeton University Press, 1960.

Quoique cette approche soit apparemment faisable du point de vue théorique, elle présente un grand inconvénient pratique : elle implique une démarche temporelle rétrospective, en nous obligeant de commencer par l'analyse d'une mosaïque présente extrêmement complexe pour arriver, à travers des simplifications successives et parfois hasardeuses, à la compréhension d'un passé relativement moins complexe. La complexité des nations actuelles – qui sont irréductibles aux réalités simplifiées des Etats – et la multitude de processus parcourus par les nations, rendraient la démarche rétrospective compliquée et incertaine. De surcroît, même si nous parviendrions à sélecter les fonctions présentes des nations et à remonter dans le temps au fil de celles-ci jusqu'à un certain moment historique, nous risquons de tomber dans le piège principal des analyses fonctionnelles, signalé par Peter McLaughlin. McLaughlin montre que les analyses qui reposent sur les explications fonctionnelles réussissent plutôt à traiter

> « les processus et les systèmes *non-intentionnels* de l'histoire, telles l'histoire sociale et, respectivement, les institutions socialement constituées ».[89]

Nous serions ainsi à même de laisser de côté l'influence de ce que McLaughlin appelle *actions*, aux niveaux individuel et microsocial, et *artéfacts*, au niveau macro-

---

[89] « Functional explanation studies the non-intentional processes and systems of history – such as the social history, and, respectively, the socially shaped institutions. » V. Peter McLAughlin, "Functional Explanation" in Renate MAYNTZ (Hg), *Akteure-Mechanismen-Modelle Zur Theoriefahigkeit makro-sozialer Analysen,* Frankfurt am Mein, Campus Verlag, 2002, p. 198.

social, c'est-à-dire, dans notre cas justement, les institutions et les relations de pouvoir qui ont décisivement contribué à la construction de la nation. Autrement dit, nous courrions le risque de négliger précisément ce qui est essentiel et ce qui a au moins un côté intentionnel et volitif, c'est-à-dire le politique.

En situant notre démarche dans la troisième catégorie, nous serions obligé de nous concentrer, dès le début, sur les aspects systémiques au niveau mondial et de considérer la naissance des nations uniquement du point de vue de l'interconditionnalité systémique. Or, le système mondial et l'interconnexion des formes d'organisation sociale étaient, à l'aube de l'ère moderne, seulement embryonnaires. L'explication de certaines évolutions par l'identification abusive des situations similaires peut endommager une démarche scientifique dans son intégralité. Par exemple, la considération du développement des langues vernaculaires dans des formes stables, entre les XVe et le XVIIe siècle, exclusivement à travers le besoin des bourgeoisies de consolider leurs positions face aux aristocraties décadentes, signifie la projection des relations existant dans une seule région sur l'Europe toute entière et – catégorie oblige – sur le monde tout entier. Il n'y a pas assez de preuves historiques qui puissent nous indiquer que le système mondial était d'ores et déjà interconnecté à un tel degré.[90]

Les théories du développement semblent mieux répondre à notre besoin d'encadrement et de modelage théorique. Elles présentent l'avantage d'avoir comme point de départ l'unité de base, dans notre cas, les individus et les microgroupes, et de chercher l'explication rationnelle des processus à travers lesquels les unités en question s'étendent

---

[90] V. Claire BOURDEAU, Kouky FIANU, Claude GAUVARD, Michel HEBERT (dir.), *Information et société en Occident à la fin du Moyen Age*, Presses de la Sorbonne, 2004.

qualitativement et quantitativement. En ce qui concerne le débat sur l'opportunité de l'usage des séquences et des étapes – respectivement, l'alternative des deux sous-catégories de la première catégorie – nous observons, avec Tilly, que les processus révélateurs de la construction de la nation (du state-building, selon Tilly) sont « des processus d'extraction, de contrôle et de formation des coalitions, des processus plus ou moins continuels ».[91] L'incorporation des étapes est donc nécessaire seulement si nous réussissons à créer, par l'intermédiaire d'un tel découpage, une théorie capable de saisir l'ensemble des phénomènes et des processus inclus dans les étapes respectives.

Une fois le cadre théorique fixé, dans une certaine mesure, nous pouvons passer à la formulation de notre hypothèse. Nous nous proposons de démontrer que la nature initiale de la nation a été celle d'une *communauté identitaire autonome du point de vue politique*. Comme nous l'avons expliqué dans la première partie, la communauté identitaire est le groupe humain dont les membres se considèrent explicitement ou implicitement comme faisant partie, avant tout, de la communauté respective. L'autonomie politique se réfère à l'organisation politique intérieure et à la différenciation politique extérieure suffisamment bien définies de sorte que le titulaire de cette autonomie (dans notre cas, la communauté identitaire) se délimite et soit délimitée des autres titulaires d'une autonomie politique similaire.

Dans les pages qui suivent, nous nous proposons de développer notre argument sur deux plans interconnectés. Sur le premier plan, celui des identités, nous allons opérer une analyse plutôt anthropologique et sociologique. Ici, nous

---

[91] Charles Tilly, "Western State-Making and Theories of Political Transformation" in Charles TILLY (ed.), *The Formation of National States in Western Europe, op. cit.*, p. 608.

allons expliquer le développement en cercles concentriques des différents types de relations humaines. Sur le second plan, qui sera plutôt historico-politique, nous allons analyser l'évolution des structures du pouvoir et des modalités selon lesquelles le pouvoir a été exercé. La nation se trouve au carrefour de ces deux plans-ci. Autrement dit, *on peut parler de la nation là où et au moment où la communauté politique et la communauté identitaire ont fusionné.*

Les évolutions décrites dans le paragraphe antérieur pourraient faire l'objet de toute une série de volumes comprenant des explorations, des commentaires et des analyses. Pour limiter notre approche, nous allons traiter des aspects concernant les évolutions identitaires politiques strictement dans la mesure où ils nous dirigent vers la démonstration de notre hypothèse. Nous allons nous pencher seulement sur les aspects liés au chemin parcouru par les communautés humaines vers le point de fusion entre la sphère du politique et la sphère de l'identitaire collectif, moment que nous équivalons à la naissance de la nation.

Types d'identités sociales

Dans les pages qui suivent, notre analyse se concentre sur l'évolution des types d'identité en relation avec les différents types de construction sociale. Une telle démarche nous oblige à procéder à une analyse récurrente des rapports et des relations humaines. Le point naturel de départ est l'individu. Celui-ci est une unité irréductible, ayant des caractéristiques spécifiques qu'il partage avec ses semblables à travers le processus de socialisation. Comme George Herbert Mead l'a montré, l'échange entre l'individu et ses pareils a lieu à travers les opérations mentales de représentation de l'altérité.[92] Suite aux échanges répétés d'informations entre les individus (échanges primaires, que Mead appelle des « réflexions du Moi »), un système de communication et de compréhension sociale se constitue peu à peu. Dans le cadre d'un tel système, les moyens de communication et de transmission de l'information, qui varient, entre autres, selon le degré d'inter-réceptivité des acteurs, peuvent prendre les formes les plus diverses, présentées notamment par Maurice Godelier.[93] Le langage, comme forme de communication hautement spécialisée, prend contour précisément dans cette séquence. Quelles que soient les formes connues par la communication dans cette phase primaire, il est essentiel de comprendre qu'elles assurent la constitution des *identités individuelles et groupales* en miroir, ou, plutôt, dans des multiples miroirs.

Alexander Wendt a apporté une contribution majeure à l'identification des processus qui permettent la constitution

---

[92] John Herbert MEAD, *Mind, Self, and Society*, Chicago, University Press, 1934.
[93] V. Maurice GODELIER, *The Enigma of the Gift*, Cambridge, Polity Press, 1999.

initiale des groupes. Les échanges nécessaires et multiples d'informations entre les individus et les groupes mènent à la constitution progressive du système de « connaissances partagées » (*shared knowledge*).[94] Leur principale mission est d'orienter le comportement social ; elles deviennent ainsi la modalité de prédilection par laquelle le groupe prend naissance, en intégrant les individus. Le mécanisme à travers lequel le groupe s'étend à son tour est la *sélection sociale*. Tandis que la tradition darwiniste soutient que la sélection est plutôt naturelle, puisqu'elle repose sur l'adaptation génétique, Wendt avance l'argument selon lequel la sélection est, avant tout, culturelle. En fait, Wendt – et, plus généralement, les socioconstructivistes – reprennent et incorporent la sélection naturelle, sous l'aspect de l'acceptation d'une détermination génétique inhérente des processus d'interconnexion. Mais il transfère le poids de la sélection du déterminant biologique au déterminant culturel. De cette manière, la sélection culturelle est

> « la transmission des déterminants comportementaux d'un individu à l'autre, et, de cette façon, d'une génération à l'autre, à travers l'apprentissage social [social learning], l'imitation et les autres processus similaires ».[95]

La sélection culturelle est donc un processus qui consiste non pas seulement dans la prolifération « horizontale » des caractéristiques individuelles et groupales (autrement dit, des *connaissances partagées*), mais aussi dans le maintien et la transmission « verticale » de celles-ci, à travers le temps.

---

[94] Alexander WENDT, *The Social Theory of International Politics*, Cambridge, Cambridge University Press, 1993, p. 140 et suivantes.
[95] *Idem*, p. 324.

Les deux processus de la sélection culturelle méritent, à leur tour, une brève présentation.

L'imitation suppose l'appropriation par les individus des comportements et des identités censés être matériellement ou symboliquement bénéfiques. Elle suppose le calquage des modèles de réussite et a comme effet l'homogénéisation progressive des individus qui forment le groupe. La structuration des formations primitives, du type des gentes ou des tribus, repose largement sur la combinaison entre l'internalisation des normes ayant déterminé la réussite des familles plus fortes (sélection culturelle par imitation) et la transmission héréditaire des biens (sélection naturelle). Nous retenons la thèse de l'enchevêtrement de ces deux types de sélection, formulée par Friedrich Kratochwil, qui insiste sur la tendance naturelle de l'individu d'agréer les objets et les comportements familiers et de rejeter ceux qui lui sont inconnus.[96]

L'apprentissage social vise les mécanismes de communication et de constitution d'un patrimoine de connaissances partagées à l'égard des rapports sociaux entre les individus au sein du groupe et concernant les différents processus et phénomènes qui affectent le groupe. La tribu ou la gente de notre exemple ci-dessus adopteront, suite aux expériences liées à la vie collective et à travers l'extension de l'apprentissage social, un set de connaissances sur leurs propres caractéristiques et relations intérieures et un set de réactions comportementales face aux phénomènes extérieurs.

Le degré d'homogénéité dépend de la taille du groupe et de la quantité et de la qualité des connaissances communes

---

[96] Friedrich KRATOCHWIL, *Rules, Norms, and Decisions: On the Conditions of Practical and Legal Reasoning in International Relations and Domestic Affairs, Cambridge*, University Press, 1989, pp. 108-10.

que le groupe a été capable d'acquérir par l'intermédiaire de la socialisation. L'acquisition progressive d'un volume de plus en plus grand de connaissances induit ainsi une sélection culturelle qui opère à travers l'intégration d'un nombre de plus en plus important d'individus et de groupes. Jusqu'à quel niveau cette intégration peut-elle aller ?

La psychologie sociale esquisse une réponse à cette question, tout en appuyant notre démarche scientifique. Dans ses recherches, Edmond-Marc Lipiansky est arrivé à la conclusion selon laquelle

> « [...] réunis, les individus cherchent à se constituer une identité groupale, conçue selon le modèle de l'identité personnelle ».[97]

Cette pan-identité qui résulte de l'association des individus a un double sens : d'un côté, elle est intégrative et a tendance à s'accorder au maximum avec les identités personnelles des individus qui composent le groupe ; de l'autre côté, est exclusive, l'identité du groupe ainsi constitué étant opposée aux identités des autres groupes, face auxquels le groupe en question cherche à se différencier. Les recherches de Lipiansky suggèrent que l'identité groupale est en proie à une tension permanente entre l'impératif de l'ouverture envers d'autres individus et groupes – que le groupe en question cherche à absorber – et la clôture en soi-même, pour conserver la forme et les caractéristiques qu'il a acquises.

---

[97] V. Edmond Marc LIPIANSKY, *Identités et communication*, Paris, PUF, 1992 p. 87. Les recherches d'Edmond Marc Lipiansky sur des groupes ayant des tailles et des degrés d'homogénéité différents peuvent constituer un point important de départ pour les recherches politologiques et sociologiques.

Comment pourrions-nous alors expliquer la constitution de certaines identités et la dissolution de certaines autres identités ? Autrement dit, quel est le procédé par lequel les groupes identitaires se sont séparés les uns par rapport aux autres, de sorte qu'ils aient donné naissance aux identités collectives ayant une ampleur numérique, temporelle et territoriale considérable ? Ce qui a permis le maintien relatif des identités collectives a été *l'habitus collectif*. Habitus signifie

> « la manière d'être d'un individu, constituant un ensemble de signes socialement codés, et telle qu'elle se manifeste, en particulier, dans son apparence corporelle (maintien, gestion, mimique, voix, vêtements ».[98]

L'habitus collectif est une extension synthétique des habitus individuels, définis ci-dessus, au niveau du groupe. Il représente une « manière spécifique d'appropriation collective de l'extérieur par le groupe » et, en même temps, « une certaine manière d'être et de posséder, développée, à travers la socialisation, par le groupe respectif ».[99] En s'appuyant sur les mécanismes de l'habitus social, Norbert Elias explique la formation des caractères individuels et collectifs. Pour Elias, « l'individu a une nature sociale, indissociable de son existence même »,[100] tandis que l'habitus est un mécanisme inconsciemment créé par les individus, à travers lequel ils s'assurent le maintien de

---

[98] Dictionnaire *Robert de la langue française*, vol. 5.
[99] V. Gabriel GALICE, *Du peuple-nation*, Lyon, Ed. Mario Mella, 2002, p. 22. Le mot « appropriation » a deux sens en français (mais aussi en d'autres langues) : être d'une certaine façon, grâce à une certaine caractéristique, et faire en sorte qu'une chose soit la sienne.
[100] Norbert ELIAS, *La société des individus*, Paris, Fayard, 1991, p. 14.

l'identité collective. L'habitus collectif est donc un appareil inconscient (à la limite, instinctuel), par lequel le groupe manifeste son existence d'une manière spécifique. Il est à la fois une habitude ou une coutume et l'ensemble des mœurs d'un groupe.

La caractéristique de mécanisme structurant inconscient de l'*habitus* a été soulignée par Pierre Bourdieu d'une manière que nous assumons entièrement :

> « Les conditionnements associés à une classe particulière de conditions d'existence produisent des habitus, systèmes de dispositions durables et transposables, structures structurées prédisposées à fonctionner comme structures structurantes, c'est-à-dire en tant que principes générateurs et organisateurs de pratiques et de représentations qui peuvent être objective-ment adaptées à leur but sans supposer la visée consciente de fins et la maîtrise expresse des opérations nécessaires pour les atteindre, objectivement «réglées» et «régulières» sans être en rien le produit de l'obéissance à des règles, et, étant tout cela, collectivement orchestrées sans être le produit de l'action organisatrice d'un chef d'orchestre ».[101]

La pertinence de la notion d'habitus dans le contexte de notre effort théorique consiste précisément en ce qu'elle nous permet de comprendre le développement de *l'inertie identitaire*, qui a rendu possible le maintien et l'essor de certaines collectivités à travers le temps et l'espace. Autrement dit, ont résisté seulement les groupes dans le cas desquels les processus de socialisation et de sélection

---

[101] Pierre BOURDIEU, *Le sens pratique*, Paris, Minuit, 1980, pp. 26-7.

naturelle et culturelle ont mené à la constitution des habitus suffisamment forts pour générer l'inertie identitaire. Selon notre interprétation, le concept d'habitus ne préfigure pas seulement la conscience collective, mais représente « l'infrastructure » inconsciente qui rend possible l'apparition et le maintien de cette conscience.

Dans cette étape de notre réflexion, une courte exemplification générale s'impose. Prenons les groupes A et B, agrégés à peu près dans la même période et ayant des dimensions et des ressources similaires. A travers les interactions – qui sont surtout des confrontations – se constituent, à l'intérieur des deux groupes, le patrimoine de connaissances partagées et le modèle d'interconnexion spécifique de chaque groupe. Dans le cas du groupe A, les expériences de la vie en commun sont mieux enracinées et permettent la constitution d'un bagage solide de manières spécifiques de s'approprier le milieu environnant. Les membres du groupe A développent des attitudes communes face aux dangers naturels ou sociaux auxquels le groupe se confronte. Ils se conduisent d'une manière similaire, tout en ayant recours au même set de références, au début, d'une façon inconsciente, puis, d'une manière codifiée sous la forme de la religion et de la coutume. Les membres du groupe A agissent donc en vertu d'un habitus suffisamment fort et la conséquence principale qui en découle est que le groupe conservera son identité dans ses relations avec les autres unités sociales. Ainsi, les membres du groupe A agissent inconsciemment pour préserver et étendre leur patrimoine identitaire. En ce sens, il faut garder à l'esprit le commentaire de Rodney Bruce Hall, un adepte de la théorie selon laquelle les identités individuelles et les identités collectives sont co-constitutives :

« L'identité individuelle est menacée par les dangers qui affectent les identités collectives qui sont constitutives pour l'identité individuelle. C'est pourquoi les individus perçoivent le fait que leurs intérêts dépendent surtout de la défense et de l'essor de cette identité collective ».[102]

De l'autre côté, suite aux processus intérieurs et extérieurs qui ont mené à l'établissement diffus des relations de pouvoir, les membres du groupe *B* développent de caractéristiques communes, conscientes et inconscientes, moins bien enracinées. La capacité collective de réaction face aux stimuli extérieurs qui affectent le groupe est limitée par l'absence d'une expérience collective suffisamment révélatrice pour pouvoir déterminer la constitution des mécanismes réactifs qui puissent agir en vertu d'une manière spécifique de comprendre et de s'approprier le monde. Bref, l'habitus du groupe *B* n'est pas assez profond.

Au cours de l'interaction entre le groupe *A* et le groupe *B*, même si le groupe *B* avait l'avantage de la force physique, le groupe *A* a pu imposer l'ensemble de son identité au groupe *B*, précisément grâce à un habitus mieux enraciné. Autrement dit, même si les élites du groupe *B* assument la « maîtrise » du groupe *A*, l'assimilation sera inverse et l'identité qui résulte sera plus proche du groupe *A* que du groupe *B*. Dans les recherches anthropologiques menées parmi les tribus du Timor, Elizabeth Traube exemplifie concrètement un tel modèle d'interaction groupale.[103] En étendant cet exemple et en le projetant dans

---

[102] Bruce Rodney HALL (ed.), *National Collective Identity: Social Constructs and International Systems*, Columbia University Press, 1999, ch. II, p. 8, [www.ciaonet.org/book/hall], consulté le 3 février 2007.
[103] Elizabeth TRAUBE, *Cosmology and Social Life: Ritual Exchange among the Mambai of East Timor*, Chicago, University of Chicago

le passé, il est important de nous rappeler les innombrables exemples de tribus et de peuples qui, tout en étant conquis et soumis, ont imposé leur culture et leur religion (ou bien ont permis l'avènement des cultures et des religions syncrétiques au sein desquelles leurs coutumes et leurs normes étaient dominantes). Ils ont imposé leurs manières d'être, c'est-à-dire leurs habitus.

L'habitus nous permet donc de comprendre la capacité de résistance des identités et d'expliquer les différenciations progressives qui ont eu lieu entre les groupes qui ont gardé leur identité et l'ont étendue au niveau des collectivités plus larges et les collectivités qui ont perdu leurs identités, en ayant été assimilées par d'autres groupes. L'habitus explique la constance des mécanismes de maintien et d'amplification du bagage des *shared knowledge* accumulé à travers le temps. Dans les mots de Bourdieu,

> « Le poids particulier des expériences primitives résulte en effet pour l'essentiel du fait que l'habitus tend à assurer sa propre constance et sa propre défense contre le changement à travers la sélection qu'il opère entre les informations nouvelles, en rejetant, en cas d'exposition fortuite ou forcée, les informations capables de mettre en question l'information accumulée et surtout en défavorisant l'exposition à de telles informations ».[104]

Comme nous allons voir dans la section suivante, les formes institutionnelles et politiques de gouvernement ont

---

Press, 1986. Traube n'emploie pas le terme *habitus*, mais le terme « mode de vie ».
[104] Pierre BOURDIEU *op. cit.*, p. 34.

parcouru un trajet à peu près parallèle avec le trajet des identités groupales : elles se sont affranchies des masses à travers le mécanisme de la genèse des élites et ont maintenu, par l'usage de la coercition et de la persuasion, un état d'isolement par rapport aux mêmes masses jusqu'aux temps modernes. C'est-à-dire jusqu'au moment de la fusion entre le politique et l'identitaire, synonyme de la naissance des nations.

Le moment de l'interaction, suivi par l'exercice de la prééminence de certains habitus sur les autres, correspond au passage des groupes retreints aux groupes élargis et des formations tribales aux formations traditionnelles. Paul James explique le passage du tribalisme au traditionalisme – et, puis, de ce dernier au modernisme – par l'intermédiaire du concept de « croissance du degré d'abstraction sociale ».[105] Cette croissance consiste dans l'évolution des façons de se rapporter à soi-même et au milieu environnant, du niveau direct et immédiat au niveau indirect et médiat. James décompose cette évolution sur cinq plans, qui correspondent aux domaines essentiels de la vie sociale :

- sur le plan du mode dominant de production, nous pouvons observer le passage de la société de chasseurs-cueilleurs à la société d'éleveurs-cultivateurs ;

- sur le plan du mode dominant d'échange, il y a eu le passage du troc culturellement limité au troc libre et à la monétarisation ;

---

[105] V. Paul JAMES, *Nation Formation*, London, Sage Publications, 1996, chap. 2 et Appendice, pp. 198-9 ; v. aussi Paul James, « Theory in the Shadow of Terror » in Paul JAMES, Tom NAIRN, *Global-Matrix: Nationalism, Globalism, and State Terrorism*, London, Pluto Press, 2005.

- en ce qui concerne le mode dominant de communication, on a vu l'évolution de la communication plutôt gestuelle et orale, ayant un degré réduit de codification, à la communication orale spécialisée et, d'une manière périphérique, à la communication écrite ;
- sur le plan du mode principal d'organisation, on a évolué de l'hiérarchisation généalogique, basée sur l'apparentage et les rapports directs à la domination patrimoniale et oligarchique ;
- enfin, en ce qui concerne le plan du mode dominant d'appropriation du monde, il y a eu le passage de la connaissance concrète et magique à la connaissance religieuse et naturelle.

La constitution des identités collectives traditionnelles a lieu justement sur la base des mécanismes concrets d'agrégation et de désagrégation des connaissances partagées, d'interaction des habitus et de sélection sociale. Il faut souligner que *l'identité collective ne suppose pas la prise de conscience par les individus de son existence*. Les sociétés traditionnelles et, notamment, les ethnies, présentaient l'avantage historique d'avoir eu la capacité de posséder des identités collectives, à la suite d'un processus d'agrégation progressive, sans que les individus qui en faisaient partie fussent conscients de l'existence de telles identités.[106] Les sociétés traditionnelles sont les sociétés qui

---

[106] La conscience de l'identité collective est, par ailleurs, un produit de la modernité ou, si nous voulons bien, de la « nationalisation » des ethnies et des autres groupes traditionnels.

ont développé, selon les mots d'Alexander Wendt, « une culture pleinement internalisée », avec laquelle les acteurs s'identifient, « tout en faisant de l'altérité généralisée une partie de la compréhension de soi-même ».[107] C'est justement cette « inconscience » concernant et l'identité collective et l'identité individuelle au sein du groupe qui permet la pérennisation des ethnies. Autrement dit, selon la théorie identitaire de la nation, *les ethnies sont les communautés inconscientes les plus inclusives*.

Les ethnies sont la phase supérieure de l'identité collective traditionnelle. Le caractère contingent des ethnies est donné précisément par l'habitus, ou bien par ce que Rousseau appelait les *mœurs des peuples*.[108] Les relations verticales avec les groupes identitaires antérieurs sont essentiellement des relations d'inclusion. La représentation des relations identitaires, apparues dans des étapes différentes de l'histoire, est concentrique.

---

[107] Alexander WENDT, *op. cit.*, p. 337.
[108] *Apud* Gabriel GALICE, *op. cit.*, p. 20.

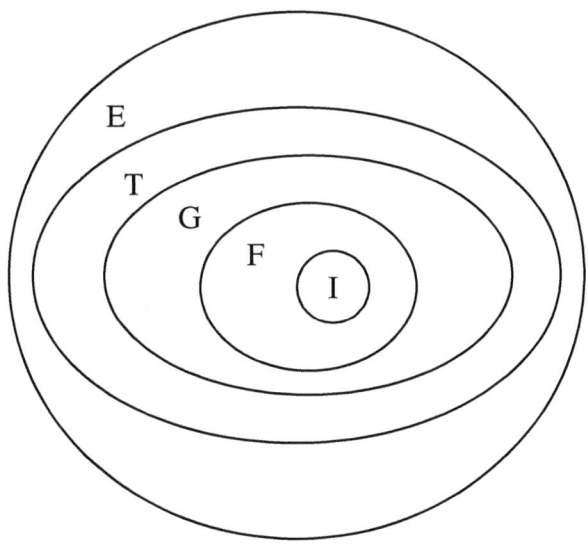

Fig. n° 5. La représentation concentrique des groupes identitaires. I – l'individu, F – la famille, G – la gente, T – la tribu, E – l'ethnie.

Le processus constitutif des identités collectives est donc graduel, reposant sur un set de relations et de connaissances communes, acquises à la suite des expériences sociales particulières. Il inclut une oscillation permanente entre l'intégration et le rejet de l'altérité. D'un côté, les groupes veulent affirmer leur individualité par rapport aux autres groupes consciemment ou inconsciemment perçus comme ayant des identités opposées. De l'autre côté, le groupe cherche à élargir son horizon, à travers des différents mécanismes. A cet égard, Erik H. Erikson observait que l'identité groupale était liée surtout à la consolidation des valeurs principales, adoptées d'une manière plutôt instinctive et par reflexe que d'une façon consciente et volontaire ; ces valeurs sont l'unité, l'intégrité, la continuité et la constance.[109] Le dénominateur commun, et, à la fois, le résultat de l'imposition de ces valeurs, est bien *l'habitus*, qui agit comme un « génie » de l'espace et du temps et qui assure le maintien de la tendance des individus vers l'agglutination et l'investiture identitaire du groupe. La grégarité constitue – et Michel Maffesoli l'a très bien montré – « la seule caractéristique pérenne et fondamentale des l'être humain ».[110] Le schéma ci-dessous synthétise l'évolution des types d'identité et les processus qui ont mené à l'émergence de chacun de ces types :

---

[109] *Apud* Edmond Marc LIPIANSKY, *op. cit.*, p. 9. V. Aussi Erik H. ERIKSON, *Identity: Youth and Crisis*, New York, Norton, 1968.
[110] Michel MAFFESOLI, *Le temps des tribus. Le déclin de l'individualisme dans la société postmoderne*, Paris, La Table Ronde, 2000, p. 102.

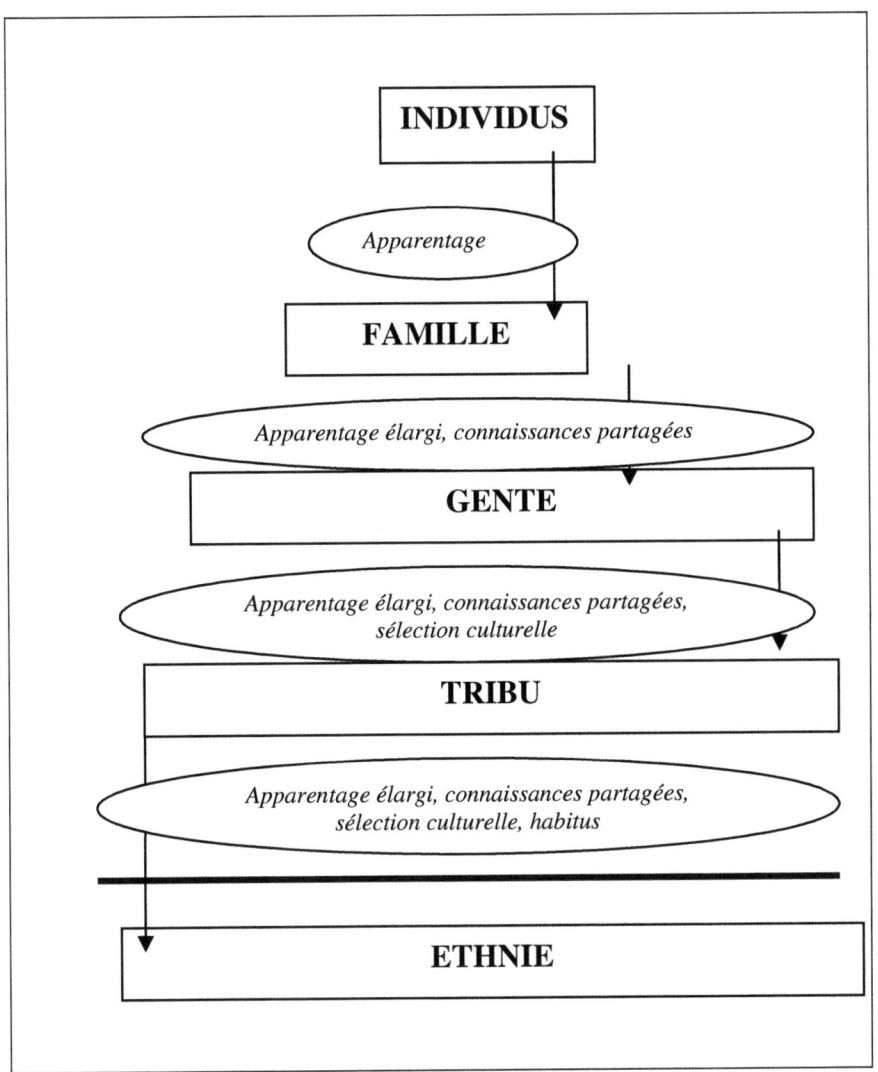

Fig. n° 6. L'évolution identitaire. La ligne horizontale en gras représente le passage des communautés tribales aux communautés traditionnelles.

***

L'identité est donc la caractéristique structurante des groupes humains de tout type, des groupes de type familial aux groupes supranationaux. Dans une perspective « de bas en haut », ces groupes s'investissent avec les structures d'organisation et de direction qui répondent le mieux à l'impératif absolu du groupe : se préserver l'identité ou, au moins, les caractéristiques principales de l'identité. Aux conditions historiques variées correspond une variété de réponses identitaires, placée dans un double rapport – d'opposition, notamment sur le plan horizontal, et d'inclusion et de correspondance, notamment sur le plan vertical. La résistance temporelle d'une identité collective dépend de la capacité de l'identité en question de s'adapter au contexte. Si les tribus ont été la formule d'organisation optimale pour un certain type d'identité collective, nous verrons que les nations sont les formes d'organisation qui correspondent le mieux aux identités de la période moderne.

Dans la section suivante, nous allons insérer les constats ci-dessus dans un modèle d'évolution politico-institutionnelle. Nous allons montrer que, à travers le rajout de l'organisation de la communauté politique à l'agrégation de la communauté identitaire, cette dernière a graduellement évolué vers la *communauté nationale*.

L'organisation politique : les sociétés traditionnelles

Les communautés identitaires ont subi, à travers le temps, une série de modifications des structures d'organisation et de direction politique. Nous ne nous proposons pas d'explorer ici les formes d'organisation politique qui ont émergé au fil du temps ; une telle démarche exigerait, par ailleurs, une recherche encyclopédique. Nous allons viser uniquement le degré de correspondance entre le type d'identité sociale et le type d'organisation politique, justement afin de comprendre comment a eu lieu, à l'époque moderne, la fusion entre les deux types de communauté sous la forme de la nation.

Les formes d'identité collective et les formes d'organisation politique présentent, à leur tour, des rapports très variés. L'organisation et la direction politique des unités sociales ont été le résultat de la nécessité des communautés de s'inventer des mécanismes conscients qui leurs donnaient des garanties quant à l'institution et le maintien de l'ordre sociale et quant à l'avenir collectif. Ces mécanismes conscients se sont ajoutés à l'habitus, qui a été – nous l'avons vu – l'infrastructure inconsciente de l'existence commune. Suite à la sélection des individus capables d'assurer la direction, on a connu l'émergence des groupes plus ou moins larges que nous appelons aujourd'hui *élites*. Ces groupes-ci se sont munis, à leur tour, avec des systèmes de transmission du pouvoir, qui ont connu des formes variées. Les formes d'organisation politique ont été dépendantes, à travers l'histoire, de la relation de légitimation établie entre les élites et les communautés identitaires :

« Les principes qui donnent la légitimité à l'identité collective sont des principes qui donnent la légitimité à l'ordre sociale, qui offre [à son tour] un sens intersubjectif à l'identité collective. Ces principes sont institutionnellement reproduits et transmis aux individus à travers leur socialisation dans la société qui est générée et régularisée par les systèmes de valeurs ».[111]

La relation de légitimation ne devrait certainement pas être comprise au sens restreint de la démocratie électorale, mais au sens large de l'acceptation par la communauté d'une certaine forme d'ordre politique et sociale. Avant la modernité, la légitimation ne consistait pas dans la revendication par les élites d'un support populaire, mais dans l'acceptation par les masses populaires d'une certaine domination exercée par les élites et, en même temps, dans la naturalisation d'une hiérarchie inhérente à l'intérieur des structures élitaires.[112]

L'évolution des modes d'organisation politique a donc été dépendante de la façon dont la relation de légitimation entre les dirigés et les dirigeants s'est constituée. Tout en gardant le cadre évolutif proposé par Paul James que nous avons décrit dans la section antérieure, nous pouvons identifier deux formules générales de cristallisation de la légitimité, qui correspondent à deux types de société. Dans les sociétés tribales, la légitimation des structures de

---

[111] « The principles that legitimate the collective identity are the principles that legitimate the social order that provides an intersubjective social meaning to collective identity. These principles are institutionally reproduced and transmitted to the individual through his or her socialization into the society that is generated and regulated by this system of beliefs », Rodney Bruce HALL, *op. cit.*, p. 10.

[112] V. l'explication synthétique offerte par Vifredo Paretto dans Jean ETIENNE, Henri MANDRAS, *Les grands auteurs de la sociologie*, Paris, Hâtier, 1999.

commande a évolué d'une forme plus directe – l'émergence directe des élites, dans les cas des groupes de dimensions modestes – à une forme indirecte, à travers l'extension et la codification des mécanismes de transmission héréditaire du pouvoir et de dissémination généalogique de cette transmission, unifiées dans la formule de la dynastie.[113] On préfigure ainsi le passage à la seconde formule de légitimation, qui correspond aux sociétés traditionnelles et qui repose sur la concentration patrimoniale et coercitive du pouvoir et sur l'expression quasi-territoriale de celui-ci. Une telle concentration a eu lieu à travers la mise en place des rapports de co-domination entre les structures élitaires qui détenaient la capacité de contraindre, celles qui maîtrisaient le pouvoir symbolique-religieux et celles qui possédaient des biens et des valeurs matériels, notamment des territoires.

Du point de vue historique, nous devrions nous situer imaginairement en Europe occidentale, dans la seconde partie du premier millénaire, lors de l'émergence des *structures féodales*. Le féodalisme reposait sur l'établissement des relations spécifiques de légitimation verticale, à travers la codification des rapports de co-domination, qui consistait dans une fusion entre le modèle juridique romain, les « lois » chrétiennes et les traditions « barbares » germaniques. Puisqu'il n'y avait pas de correspondance ethnolinguistique ou « identitaire » entre la majorité des populations et les élites féodales, les rapports entre les deux catégories ont été notamment des rapports

---

[113] Les recherches de Marcel Mauss et les analyses de Dominique Colas tâchent d'élucider, entre autres, l'évolution des formes d'organisation tribale. V. Dominique Colas, « L'Etat avant l'Etat » in Dominique COLAS (dir.), *Sociologie politique,* Paris, Presses Universitaires de France, 1994 ; v. aussi Alain GRASS, Yannick YOTTE (coord.), *Sociologie-ethnologie. Auteurs et textes fondateurs*, 4e éd., Paris, Presses de la Sorbonne, 2004.

d'acceptation de la domination par l'assujettissement et la contrainte. Les centralisations territoriales qui ont suivi la consolidation du pouvoir dynastique de certaines familles nobiliaires ont changé « de haut en bas » les rapports entre les élites féodales et les groupes ethniques dominés : une partie substantielle de la légitimité féodale, donnée par les rapports directs de juridiction entre le noble et ses sujets s'élargit et, puis, se transfère au niveau royal.[114] Les dynasties royales, qui ont eu la capacité d'opérer des centralisations successives de leurs territoires, ont consolidé leur légitimité non pas seulement moyennant les principes de la domination féodale, mais aussi en réclamant peu à peu une forme de *légitimité totale*.[115] Celle-ci repose sur la revendication d'une relation directe, tout au début, avec la divinité, puis, avec l'histoire, entendue comme une poursuite profane d'une histoire sacrée. De cette manière, la double détermination de la légitimité symbolique royale – divine et historique – se superposait sur une détermination de la légitimité contingente du pouvoir royal, c'est-à-dire sur sa capacité de juridiction et de contrainte.

La manière dont les royautés se sont rapportées aux communautés identitaires, perçues comme l'ensemble des sujets du roi, présente, en Europe, des multiples formes temporelles et spatiales. Ernst Kantorowicz a minutieusement identifié et expliqué la constance de ces façons de se rapporter, dans le cadre de sa théorie des deux corps du roi.[116] Le corps physique représentait l'image

---

[114] Cette explication est bien convergente avec celle offerte par Alain GURREAU dans *Le féodalisme : un horizon théorique*, Paris, Le Sycomore, 1980.
[115] V., entres autres, *Economies et sociétés du Moyen Age. Mélanges offerts à Edouard Perroy, op. cit.*, pp. 20-4.
[116] Ernst KANTOROWICZ, *Les deux corps du roi* in *Œuvres*, Paris, Gallimard, 2000.

extérieure du corps spirituel du roi. Le corps spirituel était le support à travers lequel le roi « embrassait » la structure de l'ordre sociale tout entière. Dans une interprétation plus exacte, on peut dire que, puisque le roi était sacré par Dieu afin de diriger sur terre, le corps spirituel du roi était une prolongation du saint esprit. Marc Bloch et, dans un registre plus romanesque mais non pas moins révélateur, Maurice Druon, tombent à leur tour d'accord sur le fait que la construction de la légitimité du roi sur la légitimité de Dieu a décisivement contribué au renforcement du pouvoir royal devant le pouvoir de la Papauté et à la consolidation de l'enracinement territorial du pouvoir souverain monarchique.[117]

Dans la relation avec les communautés identitaires, la territorialisation et la légitimation divine des royautés médiévales ont eu un *double effet*. D'un côté, le pouvoir royal devient la forme de gouvernance légitime et tutélaire, dont la contestation est de moins en moins efficace, dans la mesure où la communauté ethno-identitaire commence à s'associer au « discours » royal qui réclamait l'existence des liens objectivement communs entre leurs sujets, renforcés à travers les habitus collectifs. Autrement dit, les prétentions de légitimation territoriale et divine du roi impulsent l'observation progressive par les communautés identitaires des formes communes de manifestation de l'existence collective – la langue, les coutumes, la religion, etc. Ce processus est, naturellement, graduel, mais les événements qui déterminent le brassage des individus appartenant à des communautés identitaires différentes, comme les pèlerinages et les guerres, contribuent déjà à la découverte des éléments patrimoniaux et culturels communs, étendus au niveau de l'ethnie ou, inversement, différents d'une ethnie à l'autre.

---

[117] V. Marc BLOCH, *op. cit.*, pp. 36-54 ; Maurice DRUON, *Œuvres complètes, Les Rois maudits*, Genève, Edito-Service, 1972, p. 27 et suivantes.

Dans le cas de la France, ce processus est apparu plus tôt qu'ailleurs : en 1254, émancipé de la tutelle papale, Saint Louis transforma son titre de *Rex Francorum* (Roi des Français) en « Roi de la France » et renforça le caractère territorial de son pouvoir. Les effigies de la royauté commencèrent à être connues sur l'ensemble du territoire contrôlé par le roi. Le siècle suivant, le lien entre la royauté et la communauté paraissait de plus en plus fort, tandis que Philippe le Bel s'érigeait devant le Pape en représentant de la *vox populi* (« la voix du peuple »). Vers la fin du XVe siècle, on a connu la généralisation d'un « patriotisme monarchique », consolidé dans la seconde moitié du XVIe siècle par le succès remporté par les royalistes favorables à la consolidation du pouvoir royal indépendant de l'Eglise catholique face aux *ligueurs*, pour lesquels le pouvoir royal était inconcevable sans la tutelle du catholicisme. Les chroniques attestent déjà au temps de François Ier une profonde expansion interne de la légitimité royale au niveau des couches populaires de plus en plus larges.[118] Vers la fin de son « Siècle d'Or », l'Espagne connaissait un phénomène semblable sous Philippe II, lorsque, dans des conditions favorables, le territoire habité par les Castillans s'homogénéise ; les bases de l'émergence d'une conscience ethnoculturelle sont ainsi jetées. L'Angleterre avait déjà connu la centralisation qui avait créé les prémisses de l'apparition de la conscience ethnique, à la faveur de sa dimension territoriale plus réduite et de son isolement géographique.

Tout de même, de l'autre côté, la consolidation des mécanismes de légitimation de la domination royale est accompagnée par l'abstraction progressive de ses modalités d'expression. En consolidant sa souveraineté à travers les institutions centrales, la royauté s'isole de la communauté

---

[118] V. Claude NICOLET, *La fabrique d'une nation. La France entre Rome et les Germains*, Paris, Perrin, 2003, p. 30 et suivantes.

identitaire, tandis que la communauté s'autonomise, dans une certaine mesure, justement à travers la différenciation par rapport la monarchie. A son tour, une fois les frontières relativement stabilisées et les mécanismes de domination enracinés, le monarque se retire des rapports directs qu'il entretenait avec le peuple. Ce retrait est évident, au XVIIIe siècle, chez Louis XIV (en France) ou chez Frédéric II (en Prusse), mais il plonge ses racines au XVIe siècle. Le développement incessant des formes concurrentes de pouvoir – parallèles par rapport au pouvoir politique – notamment le pouvoir économique, détenu par une bourgeoisie obligée d'acheter ses droits civils – approfondit l'effet de la séparation entre la royauté et les communautés et impulse le développement de la conscience de soi des communautés, par-delà la simple identification avec le statut de masse soumise à la monarchie.[119]

Dans les mots de Jean-Yves Guiomar, « l'histoire n'est point séparable de l'histoire des dynasties royales » ;[120] mais cette phrase doit être comprise dans le double sens précisé ci-dessus. *C'est justement à cause du fait que le « Roi-Dieu » se considérait l'expression du corps spirituel de la nation que la « nation » n'a eu aucune signification pour la communauté identitaire réelle (c'est-à-dire pour l'ethnie), avant la seconde moitié du XVIIIe siècle.* Autrement dit, pour l'ethnie, l'idée de nation, telle qu'elle était propagée par la royauté, ne trouvait pas de correspondant dans la conscience collective, qui était elle-même dans un lent processus de constitution. Mais, en même temps, la fondation de l'Etat par la royauté a été le facteur principal de coagulation de la communauté identitaire, par la

---

[119] Pour une analyse de la relation entre les communautés identitaires, les institutions monarchiques et les structures « civiles » alternatives, v. les descriptions analytiques-historiques proposées par Robert BATES (et al.), *Analytical Narratives*, Princeton, University Press, 1998.
[120] Jean-Yves GUIOMAR, *op. cit.*, p. 45.

participation de la communauté à la construction, à la défense et au financement des institutions à travers lesquelles le roi exerçait son pouvoir :

> « Le destin d'un peuple se cristallise dans les institutions qui font en sorte que des membres différents d'une société acquiescent les mêmes caractéristiques, possèdent le même *habitus*. La langue commune représente un exemple, qui nous revient immédiatement. Mais il y en a beaucoup d'autres ». [121]

Dans la forme connue durant la pré-modernité, l'Etat n'a pas pu représenter la communauté identitaire – puisque, dans la quasi-unanimité des cas, l'Etat n'a pas voulu la représenter. La royauté et ses institutions se sont constituées dans un liant de *l'habitus* de la communauté identitaire, mais jamais dans une réflexion des besoins et des volontés exprimés par le « peuple ». Comme Rodney Bruce Hall le remarque très bien :

> « Ces formes institutionnelles ne sont pas fondamentales. Elles ne sont primordiales, ni du point de vue ontologique, ni du point de vue théorique. Elles ne durent pas à l'infini. Ces formes changent avec les conceptions dominantes concernant l'ordre sociale légitime et les identités collectives qui correspondent aux ordres respectives ». [122]

---

[121] Gabriel GALICE, *op. cit.*, p. 28.
[122] « These institutional forms are not fundamental. They are not theoretically or ontologically primitive. They are not enduring. These forms change with the prevailing conceptions of legitimate social order and with the collective identities consistent with this order », Rodney Bruce HALL, *op. cit.*, p. 11.

Le passage des sociétés tribales aux sociétés traditionnelles correspond, en Europe occidentale, à la période du passage au féodalisme. Avec des variations inhérentes, les sociétés ouest-européennes restent au niveau des sociétés traditionnelles au moins jusqu'à la fin du XVIe siècle. Les communautés identitaires ethniques se renforcent par la participation au processus historique de constitution des Etats féodaux et à travers la stabilisation linguistique générale. A la fin du Moyen Age, on a créé les prémisses de la prise de conscience de l'ethnicité et du caractère commun des identités ethno-territoriales. A la fois, on a créé les prémisses de l'émancipation des communautés identitaires, du dépassement de l'état traditionnel et de la conquête d'un nouveau statut. Ce nouveau statut allait être acquis soit brusquement, soit progressivement, jusqu'au milieu du XIXe siècle. Il marque *la phase nationale de la communauté identitaire.*

L'organisation politico-identitaire : les sociétés modernes

> *La nation est la résultante et l'expression du passage d'une société structurée par l'assujettissement à un principe d'ordre externe à une société structurellement sujette d'elle-même, moyennant la confluence d'une révolution religieuse, d'une révolution de l'espace politique et d'une révolution du temps social.*
>
> Pierre Nora

L'analyse ci-dessus nous a montré que les types d'organisation politique ont été, tout au long du Moyen Age, dans un perpétuel processus d'abstraction de leurs moyens d'exercice, qui a culminé avec la décomposition des liens entre la communauté identitaire et les élites représentées par la royauté et l'aristocratie. A partir du milieu du XVIe siècle, un concours de facteurs a déterminé ce que nous pourrions appeler, en paraphrasant le concept de « révolution sociale » de Theda Skocpol, une « évolution sociale » en profondeur de l'Europe Occidentale. Si la révolution sociale suppose un « transformation rapide et radicale de la société d'un Etat et de la structure des classes »,[123] l'évolution sociale suppose une transformation lente, mais précisément dirigée, de la structure sociale d'un système d'Etats, qui puisse entraîner un changement au niveau du pouvoir politique. Au niveau identitaire, à une telle évolution correspond une

---

[123] *Apud*, Rodney Bruce HALL *op. cit.*, p. 12

modification de la représentation de l'identité communautaire, dans notre cas, une *construction de la représentation de la communauté identitaire sous la forme de la nation politique.*

Quels sont les facteurs qui ont déterminé une telle modification ? Il s'agit, en tout premier, de l'explosion démographique, qui a engendré la croissance exponentielle de la mobilité sociale dans les périmètres où cette mobilité était permise et parfois même encouragée. Puis, la découverte du Nouveau Monde et les flux de ressources qui venaient des et qui se dirigeaient vers les Amériques, ont permis l'accumulation des capitaux et donc la modification du rapport entre l'aristocratie et la bourgeoisie, au profit de la dernière. Troisièmement, la Réforme religieuse a déterminé la croissance de l'autonomie des structures étatiques, notamment des Cités-Etats et des petits Etats, et la propagation des langues vernaculaires par l'intermédiaire des églises. Finalement, l'invention de la presse a mené à la propagation des informations et des connaissances, et a permis, comme Benedict Anderson l'avait montré, le transfert de l'exercice imaginaire du niveau de l'individu au niveau de la communauté.[124] Nous allons revenir sur ces facteurs dans le cadre de l'explication du modèle d'évolution de l'Etat à « l'Etat-nation ».

Il s'impose donc de nous demander quels sont les facteurs qui ont individualisé l'Europe occidentale par rapport aux autres régions du monde, de sorte que la nation ait vu le jour dans la partie occidentale du « Vieux Continent » et non pas ailleurs ? Outre les facteurs énumérés ci-dessus, qui relèvent d'une évolution plutôt contextuelle que générale, on remarque que l'Europe occidentale a eu, dans son ensemble, une structure plus homogène que le reste

---

[124] Bennedict ANDERSON, *op. cit.*

des continents et des sous-continents. Sous l'aspect de *l'habitus* social-identitaire, cette homogénéité consistait notamment dans un reflet de l'héritage commun indoeuropéen. Quoique les groupes de populations indoeuropéennes se soient séparés il y a des millénaires, ils ont gardé une série de manières similaires de se rapporter à la famille et à la communauté, une série de rituels semblables de la vie communautaire et une série de formes communes de s'approprier le monde extérieur. Ces manières semblables ont perduré à travers le temps dans des formes diverses ; par exemple, elles ont fusionné avec les rituels chrétiens dans des coagulations syncrétiques variées et ont marqué la mémoire résiduelle des sociétés traditionnelles européennes.

Les aspects politico-institutionnels communs sont, à leur tour, essentiels. Ils montrent que le sous-continent ouest-européen était, vers 1500, quasiment intégré, au moins en ce qui concerne trois éléments. Il s'agit de l'héritage culturel-politique romain-chrétien, voire de la religion catholique, qui était encore « universelle ». Puis, l'Europe occidentale bénéficiait de l'existence d'un système institutionnel bien soudé par la royauté, qui, comme nous l'avons suggéré ci-dessus, reposait largement sur la fusion entre le droit romain et les traditions germaniques. La relative unité administrative était donnée aussi par le fait qu'il y avait, à l'époque, seulement trois unités étatiques ou « fédérales » qui comptaient : l'Empire romain-germanique (qui, à l'époque de Charles Quint, incluait le Royaume d'Espagne), la France et l'Angleterre. L'Etat papal et les Cités-Etats italiens avaient des dimensions territoriales qui ne leurs permettaient pas d'émettre la prétention d'exercer la domination administrative – même s'ils projetaient le pouvoir par d'autres moyens (symboliques, dans le cas de la Papauté, financiers, dans les cas de Venise ou de Florence). Enfin, entre les villes situées dans les pays, les régions et les provinces de l'Europe occidentale et, notamment, entre les cités indépendantes ou autonomes, il y a eu un essor accéléré des relations commerciales et des réseaux de transport, tout particulièrement dans les régions rhénane, alpine et pyrénéenne.[125]

Une telle unité n'était pas possible à l'époque dans d'autres régions du monde. Contrainte à une résistance permanente face aux invasions des Tartares et face aux poussées de l'Empire ottoman, l'Europe de l'Est n'a pas réussi à se développer des structures étatiques persistantes. Les deux exceptions, la Pologne et la Hongrie, qui s'étaient bâti des formes étatiques relativement stables, n'allaient pas résister, au XVIe siècle, aux pressions impériales ottomanes et habsbourgeoises. Etant donné la connexion des structures élitaires polonaises et hongroises aux réseaux élitaires ouest-européens, les évolutions identitaires, dans ces deux cas, refléteront, à retard, les évolutions de l'Ouest du continent. Si nous admettons que la situation des continents américain et africain ne favorisait point à l'époque l'apparition des communautés nationales,[126] il nous reste à investiguer la situation du continent asiatique. L'argument principal du rejet des conditions de possibilité pour la création des « Etats-nations » sur le continent asiatique repose sur l'analyse de la manière dont l'individu se rapporte à la communauté. Dans le « monde musulman », de même que dans le monde de l'Extrême Orient, les cultures traditionnelles ont privilégié des relations entre les individus et les communautés qui ont pris la forme de la dissolution de l'identité individuelle dans l'identité communautaire. A cause de cette fusion et de la structure sociale strictement hiérarchique, le passage à la modernité de l'Etat et des

---

[125] V., par exemple, la description de Fernand BRAUDEL dans *La Méditerranée*, vol. 1, Paris, Colin, 1966.

[126] V., par exemple, le chapitre introductif de Jean DUMONT, *L' « Heure de Dieu » sur le Nouveau Monde*, Paris, Fleurus, 1991.

communautés identitaires n'a pas eu lieu en même temps : les Etats se sont modernisés sous l'influence de l'Europe occidentale et on eu la possibilité de plafonner la modernisation des communautés au niveau souhaité par les élites, en limitant le changement social et celui des mentalités collectives, puisqu'un tel changement aurait mis en danger la stabilité hégémonique des élites. Tout en synthétisant la modernisation du modèle asiatique de production et de taxation, Marcel Gauchet a montré que cette modernisation s'est faite par « le passage du tribute féodal au prélèvement direct des taxes par l'Etat », sans avoir été accompagnée par le changement des rapports entre l'Etat et les individus.[127]

La situation particulière de l'Europe occidentale reposait sur le cumul des facteurs décrits ci-dessus, qui ont permis le déclenchement de cette évolution sociale. *L'existence des Etats avec des frontières relativement stables et des régimes ayant exercé une administration homogénéisatrice des communautés a été la condition principale de la naissance de la nation.* Dans les mots de John Strayer,

« […] la clôture des frontières de l'Etat les a plus ou moins coupées [les populations], par rapport au reste du monde ; ces populations étaient obligées de collaborer et de s'adapter les unes aux autres. Il fallait qu'elles développent un sens clair de leurs identités pour niveler les différences régionales et pour acquérir un sentiment d'attachement envers leur seigneur et envers les institutions qu'il dirigeait ».[128]

---

[127] Dans la conférence publique soutenue le 13 mai 2005, à l'Université de Marne-la-Vallée.
[128] «...the ringwall of the state cut them off [the population], to some extent from the rest of the world; they were forced to work together and

Si nous gardons le critère du degré de la croissance de l'abstraction de la pratique sociale proposé par Paul James,[129] le passage des sociétés traditionnelles aux sociétés modernes correspond aux modifications que l'on peut déplier sur les mêmes cinq plans :

- sur le plan du mode dominant de production, nous pouvons observer le passage de la société quasiment agraire à la société agraire-manufacturière, basée sur l'usage extensif des technologies manufacturières de production (base de la Révolution industrielle) ;

- sur le plan du mode dominant d'échange, le troc laisse définitivement la place à la monnaie et aux premiers billets de banque ;

- en ce qui concerne le mode dominant de communication, la principale modification est l'expansion spectaculaire de la presse ;

- sur le plan du mode principal d'organisation sociopolitique, on a vu le passage de la domination patrimonial-oligarchique et à la domination étatique et bureaucratique ;

---

to adapt to each other. They had time to gain a clear sense of identity, to smooth out some of their regional differences, and to become attached to their ruler and the institutions which he ruled», *apud* Charles Tilly, "Reflections on the History of European State-Making" in Charles TILLY (ed.), *op. cit.*, p. 43.
[129] Nous avons opéré quelques modifications terminologiques. V. Paul JAMES, *Nation Formation*, London, Sage Publications, 1996, chap. 2 et Appendice, pp. 198-9.

- enfin, en ce qui concerne le mode dominant d'appropriation du monde, il y a eu le passage de la connaissance religieuse et naturelle à la connaissance exclusivement naturelle.

Le saut qualitatif des sociétés traditionnelles aux sociétés modernes correspond, dans cette région, à la prise de conscience par les communautés identitaires de leur propre existence. Comment est-ce que ce processus a eu lieu ?

Stein Rokkan proposait un modèle qui visait la cristallisation des Etats-nations.[130] Nous allons intégrer ce modèle dans notre théorie – avec un série d'amendements substantiels – compte tenu du fait que nous ne pouvons pas équivaloir la naissance de la nation et la naissance de l'Etat, même sous la forme prétendue de « l'Etat-nation ». L'Etat est l'une des manifestations politiques de la nation en tant que communauté identitaire – certes, la plus importante. Le côté politique de la nation est essentiel et définitoire pour celle-ci, mais la nation se trouve, comme nous allons le voir, dans un double rapport avec l'Etat – d'identification et d'opposition. Par Etat, nous entendons, dans la période moderne, une formation identifiable, autonome, ayant une direction hiérarchiquement définie, qui gère un territoire habité par une population stable. Si, à la fin du XVIe siècle, aucune organisation ne remplissait pleinement les conditions de cette définition, à la fin du XIXe siècle, à travers la révolution sociale, toutes les unités politiques européennes pouvaient se plier à la définition proposée.

---

[130] Stein ROKKAN, "Dimensions of State Formation and Nation-Building: A Possible Paradigm for Research on Variations within Europe" in Charles TILLY (ed.), *The Formation of National States in Western Europe*, Princeton, University Press, 1975.

Rokkan vise l'identification générale des processus et des mécanismes à travers lesquels le modèle de l'Etat indépendant (le modèle « westphalien ») s'est agrégé et généralisé dans l'Europe occidentale. Il est préoccupé en tout premier par l'identification des variables qui ont déterminé le succès ou l'insuccès du processus de construction nationale. L'identification des variables dépend de la délimitation des relations de variation. Rokkan commence par la considération des relations entre les structures de gestion ou les élites politiques (*le Centre*) et les structures dominées (*les Périphéries*). Ces dernières sont des communautés rurales ou, selon notre expression, les communautés identitaires ethniques. Les Périphéries se caractérisent principalement par le fait qu'elles sont très peu enclines à déterminer le mouvement du système social et sont plutôt enclines à supporter les mouvements déterminés par le Centre. Du point de vue historique, on constate l'apparition entre le Centre et les Périphéries de deux structures socio-institutionnelles intermédiaires : les *Villes* et les *Eglises*. Celles-ci assurent, au niveau supérieur, la communication du Centre aux Périphéries, mais sont dirigées par des élites ayant leurs propres intérêts. Du point de vue identitaire, Rokkan identifie, entre le Centre et les Périphéries les *Communautés territoriales* et les *Communautés linguistiques*. Elles sont plus proches des Périphéries que du Centre, puisqu'elles sont plus enclines à supporter qu'à initier l'évolution sociale. Les Communautés territoriales peuvent, à leur tour, être classées sur un échelon qui commence avec les grandes propriétés féodales et qui se termine avec les petites propriétés terriennes de subsistance. Les communautés linguistiques reflètent le degré d'homogénéisation des structures intermédiaires et des périphéries ; dans le cadre de celles-ci, l'échelonnage se fait sur une échelle allant de l'homogénéité à l'hétérogénéité maximale. Dans ce modèle, les unités schématiques, le

Centre, les Périphéries, les Eglises, les Villes, les Communautés territoriales et les Communautés linguistiques ne sont pas des unités étanches et ne s'excluent pas mutuellement, mais se superposent partiellement. Par exemple, les petites Villes, comme les bourgs, peuvent être traités comme des Communautés territoriales, lorsqu'elles dépendent strictement des produits agricoles qui proviennent de certaines zones rurales ou si elles dépendent de la relation avec certaines propriétés foncières. De surcroît, elles font partie de certaines Communautés linguistiques, dont elles sont parfois les centres, lorsqu'elles regroupent des imprimeries et propagent la stabilisation des langues vernaculaires. Ces relations sont présentées dans la figure suivante :

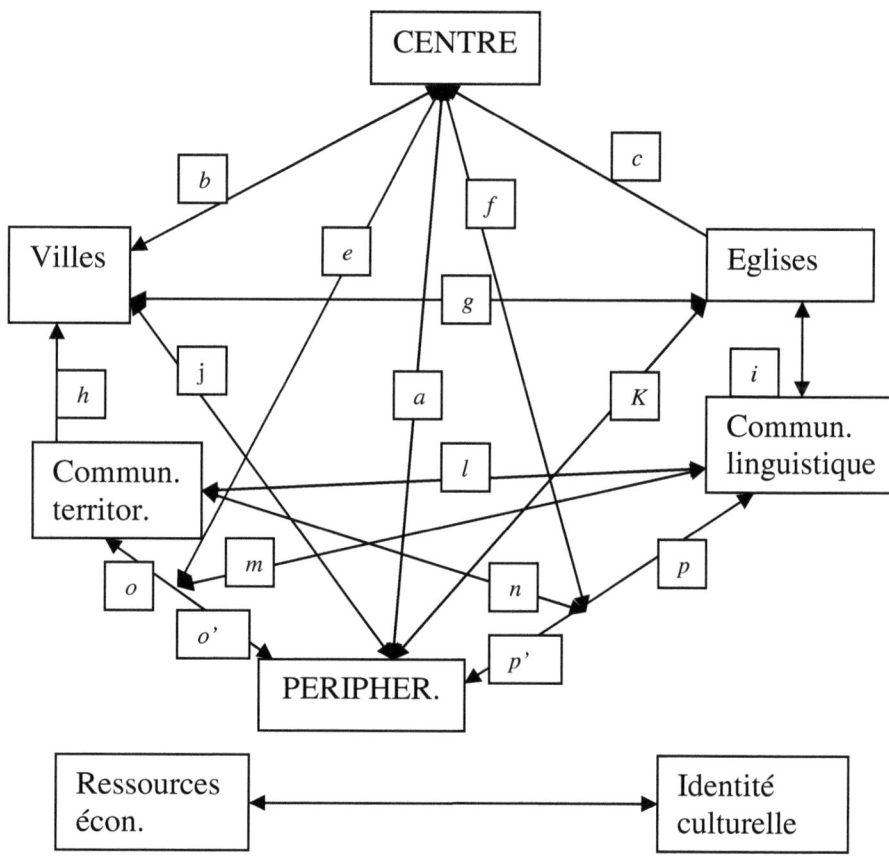

a. L'axe de pénétration – intégration économico-culturelle centre – périphérie
b. La relation centre – villes : interdépendance ou autarchie
c. La relation centre – églises : fusions (église nationale), alliance ou conflit
d. L'axe d'étude des variables économico-culturelles
e. La relation centre - communautés territoriales : protection ou exploitation de la part du centre
f. La relation centre - communautés linguistiques : standardisation linguistique endo-, exo- glossique ou multiple (imposée par le centre ou négociée)

g. La relation villes - églises : élites urbaines religieuses ou sécularisées
h. La relation villes - communautés territoriales : alliance - coopération économique ou conflit - exploitation économique
i. La relation églises - communautés linguistiques : appui accordé à la standardisation ou à la particularisation linguistique (de la part des églises)
j. Le degré d'urbanisation des périphéries : des périphéries complètement rurales ou partiellement urbanisées; le degré de dépendance mutuelle
k. Le degré de religiosité des périphéries : des périphéries fortement religieuses ou relativement sécularisées ; le degré de dépendance mutuelle
l. La relation communautés territoriales – communautés linguistiques : appui accordé à la standardisation ou à la particularisation linguistique (de la part des élites foncières)
m. La relation églises – communautés territoriales : alliance ou conflit ; élites foncières sécularisées ou non-sécularisées
n. La relation villes – communautés linguistiques : appui accordé à la standardisation ou à la particularisation linguistique (de la part des élites urbaines)
o. La relation communautés territoriales – périphéries : propriétés concentrées ou disparates
p. La relation communautés linguistiques – périphéries : unification ou atomisation linguistique ; le degré d'homogénéité linguistique
o'. La relation centre – territoire – périphéries : les différences dans la structure de la propriété (des périphéries par rapport au centre)
p'. La relation centre – communautés linguistiques – périphéries : le degré d'unification linguistique (la correspondance linguistique centre – périphéries)

Fig. n° 7. Le schéma de Rokkan représentant les acteurs qui prennent part à la construction de l'« Etat-nation » (schéma amendé)

La complexité du schéma exige, avant tout, une exemplification. Choisissons, par exemple, les relations entre les Eglises et les Communautés linguistiques (notées avec i dans le schéma ci-dessus). La relation de variation, imaginée par Rokkan et que nous avons amendée, est une relation d'oscillation entre l'appui de la standardisation des langues vernaculaires et le maintien de la prééminence du latin comme langue d'écriture. Avec la Réforme, cette oscillation a cessé et s'est transformée en un clivage entre les églises réformées et l'Eglise catholique. Les premières ont privilégié l'office religieux et le prêche de la Bible en langues vernaculaires. Au XVIe siècle, les secondes ont préféré rester encore tributaires du latin. L'expansion des langues vernaculaires et, implicitement, l'agrégation de la communauté identitaire, ont été beaucoup plus importantes là où la Réforme a rapidement progressé. C'est bien l'une des raisons pour lesquelles, puisque les Etats allemands septentrionaux ont imposé des dialectes sensiblement différents dans la traduction de la Bible, l'émiettement linguistique et identitaire s'est maintenu jusqu'au XIXe siècle, en l'absence d'une standardisation officielle. En même temps, là où le catholicisme a été suffisamment fort pour imposer le maintien du latin comme langue de culte et d'écriture, les langues vernaculaires n'ont réussi à se stabiliser qu'aux XVIIIe-XIXe siècles, tandis que la communauté identitaire ne bénéficiait pas, là aussi, de l'institutionnalisation de l'élément connecteur le plus important, c'est-à-dire de la langue. C'est bien le cas de l'Italie. Sur les failles de ce clivage, l'histoire a « favorisé » du point de vue identitaire les régions où la gestion du *catholicisme avait été assumée par la royauté*, qui a imposé plus tôt qu'ailleurs l'usage d'une forme relativement standardisée de la langue vernaculaire dans les églises, comme ce furent les cas de la France et de l'Angleterre.

Entre le Centre et les Périphéries, il y a eu, selon Rokkan, un processus d'interconnexion, qui a consisté, dans une première phase, dans la pénétration des Périphéries par le Centre sur deux axes. Sur l'axe de l'autorité coercitive, il y a eu la construction étatique proprement-dite, c'est-à-dire l'assujettissement des Périphéries par le Centre. Sur l'axe de la standardisation, il y a eu la construction de la communauté étatique-nationale, voire l'homogénéisation de la communauté identitaire. Sur les deux autres axes, Rokkan a étudié la réaction ultérieure de la Périphérie par rapport au Centre : l'axe de la participation mesure le degré d'agrégation de la communauté politique, tandis que l'axe de la redistribution pèse le processus d'émergence des acquis sociaux.

Les actions de pénétration et de standardisation perpétrées par le Centre, les Villes et les Eglises sur les Périphéries et, après, la réponse des Périphéries, pourraient être intégrées sous la coupole du concept d'*agence*. L'agence est...

> « ...l'engagement construit à travers les temps par des acteurs appartenant à des milieux structurellement différents, [...] qui, par la combinaison de l'habitude, de l'imagination et du jugement, reproduit et, en même temps, transforme les structures dans des réponses interactives aux problèmes posés par le changements des situations historiques ».[131]

---

[131] Mustafa EMIRBAYER, Ann MISCHE, *What is Agency?* Paper of the Center for Study and Social Change, 1995, ch. 2, p. 5, [www.ciaonet.org/wps/emm02/#12b], consulté le 12 mars 2009.

Etendu au niveau des relations entre le Centre et les Périphéries ou, autrement dit, entre les élites politiques et les communautés identitaires, le concept d'agence nous permet de surprendre l'ensemble des rapports qui se sont établis, par-delà la détermination du degré de rationalité, de conscience ou d'intentionnalité de ces acteurs. En fait, dans la compréhension du processus qui a mené à la fusion entre la communauté politique et la communauté identitaire, l'emploi du concept d'*agence* permet l'approche de la totalité des actions entreprises par le Centre et de la totalité des réactions des Périphéries, quelque fût la phase où ces actions et réactions ont eu lieu. Si l'*habitus* représentait le principe à effet immobile (ou bien la « con-formation » identitaire), qui engendrait *l'inertie identitaire*, l'*agence* représente le principe mobile (ou la « re-formation » identitaire), qui a rendu possible l'*évolution sociale et identitaire*. Les faits proprement dits qui ont marqué l'interrelation Centre-Périphéries peuvent être considérés comme étant des *processus d'agence* ou, autrement dit, « des formes empiriques qui dépendent des contextes temporels-relationnels où se trouvent les acteurs ».[132]

L'agence présente trois aspects majeurs. L'aspect itératif se réfère à la

> « réactivation sélective des clichés de pensée et de comportement, ce qui permet la stabilité et la mise en ordre de l'univers social et maintient les identités, les interactions et les institutions à travers le temps ».[133]

---

[132] *Ibid.*
[133] *Ibid.*

Cet aspect de l'agence fait naturellement le lien avec l'habitus, en récupérant les aspects de l'habitus qui sont « activables » au moment de l'action. Prenons un exemple édificateur. Dans le cas du rattachement d'une nouvelle province à un certain royaume, les fonctionnaires royaux s'efforceront de réaliser la conscription militaire de la même façon que dans les provinces qui font déjà partie du royaume, sans tenir compte de la spécificité de la région nouvellement annexée. Cette indifférence face à la spécificité est due, d'un côté, à l'existence d'un Code de la Conscription, et, de l'autre côté, à l'existence d'un habitus, développé à travers le temps par l'institution qui s'occupe de la conscription. L'*aspect itératif* de l'agence exercée par l'institution militaire surprend l'action de contraindre la communauté de la province nouvellement annexée à se conformer à la conscription. La communauté répondra toujours en vertu des mécanismes de l'habitus et agira itérativement face à la conscription ; elle se conduira donc de la même manière dont elle se conduisait au moment où elle était conscrite sous le régime antérieur.

L'aspect projectif de l'agence se réfère à « l'imagination par les acteurs des possibles trajectoires futures de l'action », avec la possibilité que

> « les structures de pensée et d'action données soient reconfigurées conformément aux espoirs, aux craintes et aux doléances des acteurs ».[134]

Dans notre exemple, l'institution conscriptionnelle se fera un plan de conscriptions, incluant les modalités de persuader les nouveaux conscrits et le plan budgétaire concernant les

---

[134] *Ibid.*

coûts de l'opération. A son tour, la communauté préparera le rejet ou, selon le cas, l'acceptation de la conscription, avec l'arsenal de méthodes complémentaires (des cachettes, des fuites, des sabotages, la punition des délateurs, etc.).

Enfin, l'*aspect pratique-évaluatif* concerne

> « la capacité des acteurs de faire des jugements pratiques et normatifs sur les possibles trajectoires alternatives de l'action »,[135]

comme réponses aux dilemmes posés par l'évolution des situations concrètes. L'institution conscriptionnelle imaginera plusieurs plans de conscription et diverses possibilités de configurer les unités militaires, en fonction de l'accomplissement total, partiel ou nul des plans de conscription. La communauté soumise à la conscription ne se contentera pas de s'adapter à la conscription, mais « calculera » les résultats de la conscription sur chaque famille, sur l'accomplissement des plans de récoltes futures, etc. A l'intérieur de cet aspect de l'agence, les deux côtés essayeront, selon leurs possibilités, de s'adapter à l'évolution du processus, de sorte que les résultats projetés soient atteints au plus haut degré. L'exemple fourni ci-dessus peut être étendu, dans certaines limites, à l'ensemble des aspects liés à la relation entre les institutions et les communautés identitaires.

Le modèle de Rokkan a le grand mérite d'inclure tous les participants majeurs au processus de construction nationale et de surprendre la relation *agence-habitus*, essentielle pour la compréhension de la construction identitaire nationale. Essentielle, puisqu'elle nous permet

---

[135] *Ibid.*

d'observer que le *processus de prise de conscience de l'identité communautaire a eu lieu au moment où l'agence politique a été transférée du Centre aux Périphéries.* Ainsi, suite à la pénétration des Périphéries par le Centre, les Périphéries ont appris les processus agentiels de la pénétration et les ont reproduits dans leurs relations avec le Centre. Plus exactement, lorsque les Périphéries sont devenues capables de comprendre les bénéfices de l'organisation et de l'action politique, elles ont commencé à les employer dans leurs relations avec le Centre. Là où le Centre a été à même de gérer le processus de fusion entre la communauté politique et la communauté identitaire, le Centre a gardé sa position ; c'est le cas de l'Angleterre. Par contre, là où le Centre n'a pas eu une telle capacité et la royauté s'est complètement isolée par rapport à la Périphérie devenue communauté politico-identitaire, le Centre a été renversé, comme dans le cas de la France. Nous allons revenir dans la section suivante sur ces deux exemples-là.

Pour que le tableau soit complet, nous devrions répondre à une dernière question : au sein même de l'Europe occidentale, qu'est-ce qui a permis la différenciation, de certains Etats par rapport à certains autres Etats, de manière que les premiers sont devenus, plus tôt ou plus tard, des « Etats-nations », et les autres ont disparu ? C'est toujours Stein Rokkan qui a réussi à construire un second modèle viable, que nous nous permettons d'amender, en intégrant à la fin le résultat dans notre démonstration.

En reprenant quelques tentatives antérieures de schématisation géopolitique, Rokkan propose cette fois-ci une structure de représentation triaxiale des évolutions des Etats européens dans la période moderne. Celle-ci inclut un axe économique Est-Ouest, où les Etats sont rangés en fonction du degré de développement socio-économique ; un axe culturel Nord-Sud, où on range les Etats en fonction du degré d'homogénéisation ; enfin, un axe territorial Nord-Ouest – Sud-Est, où les Etats sont échelonnés en fonction de leurs degrés de centralisation administrative.[136] Selon Rokkan, l'histoire géopolitique de l'Europe représente une lutte pour la suprématie entre ce qu'il appelle la *Lotharingie* ou l'Europe des Cités-Etats : la Ligue hanséatique, les Pays Bas, la Flandre, la Wallonie, la vallée du Rhin, la vallée du Rhône, la Suisse, le Nord de l'Italie, la Catalogne. La région en question représentait, par son hétérogénéité ethno-linguistique et religieuse, un obstacle historique devant l'unification du continent sous la Papauté ou sous l'Empire romain germanique. De surcroît, l'essor économique qui a marqué la fin du Moyen Age a permis une autonomisation profonde des Cités-Etats, en faisant en sorte que les monarchies qui entouraient la *Lotharingie* se soient consolidées, comme unités compactes, afin de faire face à leur concurrence. *Ce sont justement ces monarchies-là qui ont été les noyaux des nations modernes, dans leurs efforts d'unifier les territoires hérités ou conquis.* Dans les mots de Rokkan,

« Paradoxalement, l'histoire de l'Europe est une histoire de la formation du centre à la périphérie d'un réseau de Cités-Etats forts et indépendants ».[137]

Les oppositions Est-Ouest (orthodoxie – catholicisme) et Nord-Sud (luthéranisme-catholicisme) ont mené à ce que

---

[136] V. Stein ROKKAN, "Dimensions of State Formation...", *op. cit.*, pp. 572-91; Stein ROKKAN, « Le modèle géo-économique et géo-politique » in *Communications,* 45/1991.
[137] « Paradoxically the history of Europe is one of center formation at the periphery of a network of strong and independent cities » (*Lotharingia*), Stein ROKKAN, "Dimensions of State Formation...", *op. cit.*, p. 576.

Rokkan appelle les *clivages* historiques qui on scellé l'acte de décès du féodalisme et, en même temps, de la domination impériale sur l'Europe. Ces clivages sont, en ordre chronologique : le clivage urbain-rural, déterminé par l'apparition du capitalisme marchand (au XVe siècle), le clivage ethnolinguistique, déterminé par la réforme religieuse (au XVIe siècle), le clivage travail-propriété (au XVIIIe siècle), déterminé par la révolution industrielle ; enfin, le clivage Etat-Eglise, déterminé par la révolution nationale (au XIXe siècle).

Le modèle de Rokkan est intégrable dans notre théorie à deux conditions majeures. La première est d'accepter que les ainsi-dits « Etats-nations » se sont formés plutôt à l'Ouest de la *Lotharingie* qu'autour de celle-ci. Comme nous l'avons montré ci-dessus, à l'Est de l'Elbe, jusque dans la seconde moitié du XIXe siècle (dans certains cas, jusqu'à la Première Guerre mondiale), l'existence même des unités étatiques était incertaine, les conditions de l'autonomie et de l'existence d'une architecture institutionnelle n'ayant pas été remplies. Celle-ci devient possible seulement après ou durant l'incorporation étatique de la *Lotharingie*, c'est-à-dire après l'unification de l'Allemagne et de l'Italie. La transformation en « Etats-nations » des entités de l'Europe de l'Est est donc plutôt l'effet d'une formule importée de l'Occident que le signe d'une évolution propre à cette région.

Puis, même si le modèle de Rokkan est viable dans l'explication de la formation et de l'évolution des Etats, celui-ci ne correspond pas parfaitement à la formation et à l'évolution des nations. Il prend en compte plutôt la composante institutionnelle – le degré de centralisation et d'unification de l'administration – et non pas le développement et l'autonomisation des communautés identitaires (ou, du moins, des communautés politiques). Vu toutes ces observations, nous avons dressé, dans la figure ci-dessous, une représentation graphique tridimensionnelle de la propension de certaines communautés identitaires de se transformer en communautés nationales. Les trois axes décrits par Rokkan ont été combinés et leur résultante représente le potentiel des Etats européens de devenir des « Etats-nations ».

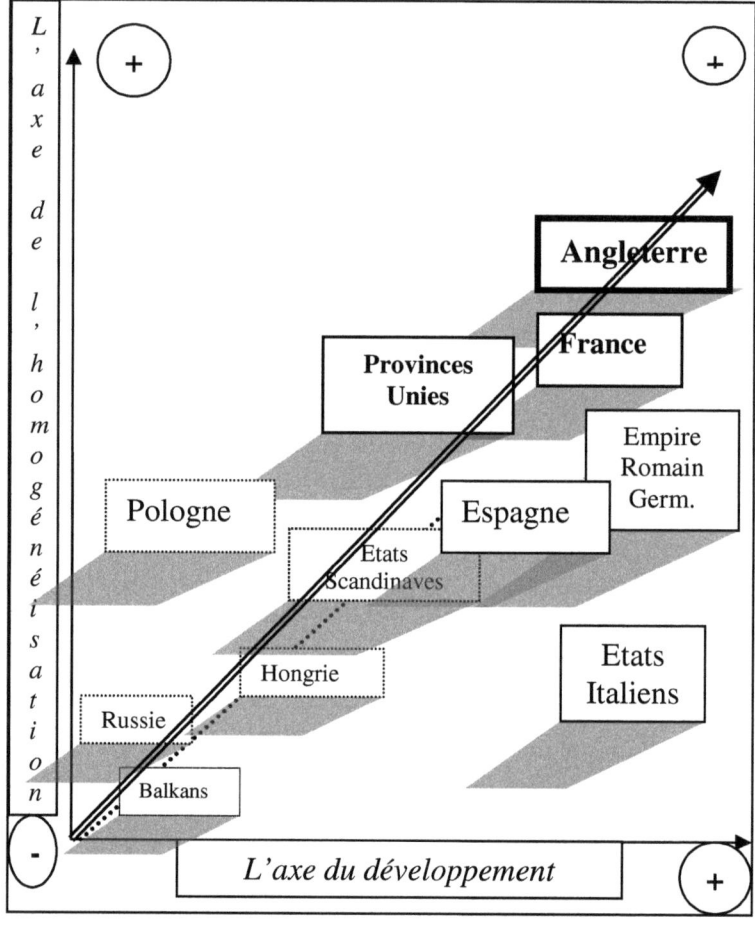

Fig. n° 8. L'état du développement des communautés nationales identitaires à la fin du XVIIe siècle. La ligne ponctuée de l'arrière-plan représente *l'axe de la centralisation administrative*. La ligne oblique (la bissectrice de l'ongle formé par les trois axes) représente la propension de certains Etats de devenir des « Etats-nation ».

***

Les modèles décrits ci-dessus mettent en évidence, à un niveau général, l'ensemble des relations entre l'Etat et les communautés identitaires et l'évolution de ces dernières à partir du milieu du XVIe siècle jusqu'à la fin du XVIIe. *C'est la période durant laquelle les communautés identitaires se sont définitivement inscrites sur le chemin de leur transformation en communautés nationales.* Autrement dit, en reprenant les termes utilisés par Pierre Fougeyrollas, dans cette période, on a créé les conditions nécessaires pour que la nation devînt une réalité fonctionnelle, par le fait que sa composante objective (celle d'avoir été « la communauté historique des temps modernes ») a coïncidé avec sa composante subjective (celle d'avoir été « la forme principale de représentation des sentiments d'appartenance »).[138]

Sous l'action émancipatrice de l'Etat, d'un côté, et contre celui-ci, de l'autre côté, la communauté identitaire devient consciente de sa consistance et de son autonomie et s'arroge les moyens spécifiques de l'action politique. Aussi est-il important de comprendre que, bien qu'elle se soit développée dans le périmètre de l'Etat, avec l'appui l'Etat et, parfois, *à travers* l'Etat, la nation n'est pas identique avec

---

[138] Pierre FOUGEYROLLAS, *La nation. Essor et destin des sociétés,* Paris, Fayard, 1987, p. 25.

l'appareil institutionnel ou symbolique de l'Etat. Nous allons revenir sur ce point après l'étude schématique des deux exemples les plus importants et les plus différents de la construction nationale « précoce » – l'Angleterre et la France – les deux Etats qui se trouvent, dans la figure d'en haut, au pinacle de la résultante triaxiale.

L'Angleterre

En bénéficiant des conditions historiques favorables, largement dues à son isolation par rapport au continent, l'Angleterre a réussi très tôt à développer un système politique reposant sur une culture de la négociation et du compromis. L'assujettissement progressif des parties de l'Ecosse, du Pays des Galles et, finalement, de l'Irlande, ont permis une décontraction relative du système féodal et l'affranchissement précoce d'une couche nobiliaire convertie aux activités commerciales. Le repositionnement des couches sociales s'est fait lentement à travers les siècles et sans convulsions majeures. Après le compromis historique entre la Royauté et le Parlement du début du XIIIe siècle, il y a eu une évolution plutôt linéaire (à la différence de l'Europe continentale), basée sur l'épuisement échelonné des conflits sociaux et politiques et non pas sur leur accumulation ; ceci a permis la stabilisation étatique et institutionnelle. Au XVIe siècle, l'Angleterre se libéra définitivement de la tutelle papale et se munit d'une bourgeoisie presque consolidée, qui se permettait d'investir massivement dans la construction d'une flotte qui allait assurer la suprématie maritime de l'Angleterre face à l'Espagne, au Portugal et, puis, aux Provinces Unies.

La capacité de s'attirer des ressources d'outre-mer et de les ouvrir fera de l'Angleterre le premier pays à connaître la révolution industrielle. Les flux à travers les océans Atlantique et Indien ont favorisé et accéléré l'évolution sociale, surtout sous la forme de la croissance exceptionnelle du degré de mobilité sociale. Cette mobilité est mise en évidence par le développement d'une classe intermédiaire ouverte, la *gentry*, formée de petits propriétaires et bourgeois, préoccupés par l'acquisition des fonctions et des dignités publiques et donc intéressés par le maintien et le développement des prérogatives du Parlement. Du point de vue identitaire, l'accélération de l'évolution sociale au XVIe et au XVIIe siècle a signifié l'amplification quantitative et qualitative des connaissances des communautés identitaires sur elles-mêmes et l'apparition des germes d'une conscience identitaire. Cette conscience a été stimulée, au début, par la préoccupation de la monarchie pour l'institution d'une relation consistante avec les sujets, même avec les sujets qui se trouvaient en état de précarité.[139] L'existence d'une couche supérieure de la population rurale, les *yeomen*, bénéficiaires des droits politiques, ont représenté un facteur qui a favorisé la propagation de la conscience identitaire *in nuce* dans les rangs des communautés dont ils faisaient partie. En même temps, la couche moyenne de la même population, les *free tenants*, étaient des véritables nœuds de réseau pour la circulation des informations et des idées, puisqu'ils louaient et achetaient des terrains et entraient ainsi en contact avec des individus provenant de diverses classes sociales et de plusieurs régions.

Dans le cas de l'Angleterre, le moment qui a été décisif pour le processus d'émergence de l'identité nationale a été la Révolution bourgeoise du XVIIe siècle (1642-1660).[140] Les

---

[139] Par exemple, « Les Lois des Pauvres » de 1563 et 1597 obligeaient les juges de tous les comtés de gérer les problèmes des personnes dépourvues de moyens matériels.
[140] V., entre autres, les explications offertes par A. J. PATRICK in *The Making of a Nation 1603-1789*, London, Penguin Books, 1971.

efforts du roi Charles Ier d'instaurer un modèle absolutiste se sont heurtés au refus du Parlement d'accorder au roi d'autres pouvoirs que ceux qu'il avait coutumièrement. Le Roi a décidé de ne plus convoquer le Parlement, à partir de 1629, afin que ce dernier cesse de s'opposer aux projets de la Cour. En même temps, le Roi a décidé de durcir le contrôle central exercé sur ses sujets et, notamment, de continuer la lutte, commencée par Jacques Ier, contre les effets de la Réforme, vue comme un processus de déstabilisation de la monarchie. Ainsi le Roi imposa en 1638, dans l'éternellement rebelle Ecosse, un système épiscopal par lequel il essayait d'imposer le contrôle sur une population largement convertie au presbytérianisme. La révolte de l'Ecosse exigeait l'organisation d'une armée pour le financement de laquelle le Roi n'avait pas les moyens. Ainsi, la convocation du Parlement en 1640 a été l'unique solution. Le Parlement conditionnait l'octroi du droit d'établir de nouveaux impôts de sa convocation régulière. En 1641, le soulèvement de l'Irlande précipita le départ du Roi de la capitale et le déclenchement d'une guerre entre les royalistes et les parlementaristes, conclu par la victoire de ces derniers et, finalement, par l'exécution de Charles Ier (1649) par Oliver Cromwell, qui avait déjà réussi à pacifier l'Irlande et l'Ecosse. Cromwell a instauré un régime républicain-militaire ; il a coopté la *gentry* dans la mise en place d'un système administratif moderne à son époque. Avec quelques glissements vers l'autoritarisme, le « Protectorat » instauré en 1653 résista jusqu'à la Restauration de 1660.

Ce qui est essentiel dans le conflit politique qui a mis fin à l'absolutisme de Charles Ier, c'est le fait que la communauté identitaire (ou bien la *nation*) est devenue un élément intégrant des discours républicains ou parlementaristes. Dans ce conflit politique, on a assisté à l'implication de toutes les couches significatives de la communauté identitaire ; cette communauté a « vécu » les conflits, en devenant, au début, un spectateur actif et, puis, un acteur à part entière. Cette dernière évolution se manifeste notamment dès 1646, voire à partir du moment où le système de recrutement militaire a été « démocratisé » (les conditions concernant la possibilité d'avancer en grade dans la carrière militaire sont devenues les mêmes pour toute personne de sexe masculin).

Dans le cas de la Révolution anglaise, on peut parler plutôt d'une extension de l'*agence* des élites bourgeoises, de la *gentry* et des élites parlementaristes à une couche plus large de la population. *Par son implication en tant que bénéficiaire implicitement légitime du système de gouvernance, la communauté identitaire a pu devenir consciente de sa propre existence.*[141] Une fois l'ordre monarchique restaurée en 1660, la communauté identitaire n'a pas « effacé » de sa mémoire collective l'ensemble des événements, mais les a intégrés progressivement comme éléments de la conscience identitaire. Les parlementaristes ont stimulé cette conscience et l'ont instrumentalisée à chaque moment où le pouvoir royal a essayé de réintroduire l'absolutisme. Lorsque le compromis n'a plus été possible, il y a eu un conflit politique bien plus tempéré que celui de 1640 qui s'est terminé par la « Révolution Glorieuse » : en 1688, les parlementaires appellent Guillaume d'Orange, le gendre du roi Jacques II, à lui succéder, pourvu qu'il respecte les principes de la séparation des pouvoirs législatif et exécutif et sans qu'il y ait aucune allusion à la nature divine du souverain.

---

[141] Pour apprécier le bien-fondé de cette conclusion, v. le sous-chapitre "The Changing of the Crown and Religion in the National Consciousness" de Liah GREENFELD dans *Nationalism: Five Roads to Modernity*, Cambridge, Mass., pp. 71-8 : "[…] And it was no longer religion, but the national idea that based on the liberty of the rational individual, which united the people […]", p. 73.

A partir de ce moment-là, on peut parler d'une forme primaire de fusion entre la communauté identitaire et la communauté politique, dans la mesure où nous admettons que, dans le cas anglais, l'élargissement des bases des identités politiques s'est fait durant plusieurs siècles. Dans cette évolution, le conflit avec les élites des autres communautés identitaires ethniques – qui revendiquaient constamment l'indépendance de l'Ecosse, du Pays de Galles et de l'Irlande – a joué un rôle important. Il a rendu possible la solidarisation de la communauté anglaise et le renforcement de la conscience identitaire, à travers la galvanisation des énergies de cette communauté dans la défense d'un projet devenu « national ».

Puisque ce processus de construction de la nation politique s'est étendu sur une longue période, la représentation de la nation britannique n'a pas connu de « grand saut en avant ». En échange, elle est devenue *le principe implicitement légitime de la monarchie parlementaire*. La monarchie a été capable de s'offrir une légitimité durable, basée sur l'équilibre entre les institutions et les « groupes d'intérêts » qui représentaient des couches sociales différentes de la communauté identitaire, réunies sous la coupole commune de la nation politique. Comme Talcott Parsons l'avait très bien montré, à la fin du XVIIe siècle, l'Angleterre a réussi à asseoir les différentes couches sociales et politiques dans un cadre stable, qui reposait sur un consensus identitaire, axé justement sur la représentation de la diversité :

> « La conception anglaise de l'identité nationale est celle qui a fourni une base pour une communauté sociétale clairement différenciée. La différenciation avait commencé sur trois fronts – le religieux, le politique et l'économique – et tous ces fronts impliquaient des considérants d'ordre

normatif. [...] Ces considérants étaient liés au développement du parlementarisme et à l'économie de marché avancée ».[142]

Samuel Huntington accentue, à son tour, l'idée selon laquelle l'Angleterre a représenté « l'expérience historique nationale la plus aboutie », grâce à une construction identitaire-politique solide qui a été possible notamment à travers le mécanisme de mobilisation-institutionnalisation : la stabilité démocratique, à laquelle l'Angleterre est parvenue, a dépendu de l'équilibre entre les processus de mobilisation politique des couches populaires de plus en plus larges et de l'institutionnalisation (le développement des structures politiques).[143]

Puisque le droit anglo-saxon est coutumier, la nation n'a pas eu besoin d'une constitution pour affirmer son existence et ses droits. La communauté identitaire s'est transformée dans une communauté politique et s'est conduite comme un corps politique par rapport à l'Etat, en vertu des droits obtenus progressivement, à travers les siècles, par le Parlement. Ceci a favorisé l'isolation du cas de l'Angleterre et a déterminé l'ampleur relativement limitée de sa force d'exemple ou, en tout cas, a rendu le modèle britannique inopérable ailleurs.

---

[142] Talcott PARSONS, *Societies: An Essay On Their Compared Evolution*, Chicago, MIT Press 1971, p. 54.
[143] Samuel HUNTINGTON, *Political Order in Changing Societies*, Princeton, University Press, 1968.

La France

Nous allons insister sur le cas de la France, puisque celui-ci est un exemple spécifique d'autonomisation de la communauté identitaire, devenue nationale, face à l'Etat monarchique absolutiste. Comme nous l'avons vu dans le sous-chapitre antérieur, la société traditionnelle française s'était formée comme le résultat d'une double expérience – la loyauté par rapport au monarque, qui déterminait le rapprochement de celui-ci, et la perception du monarque comme un reflet de Dieu, ce qui déterminait l'éloignement entre la communauté et le Roi.[144] A travers le temps, la royauté a pris une série de mesures qui visaient la concentration du pouvoir. Parmi celles-ci, la centralisation politique et linguistique a eu l'impact le plus important. La centralisation politique a visé la réduction progressive des droits féodaux et la mise en place des normes relativement uniformes dans toutes les régions placées sous l'égide de la monarchie. Puisque les féodaux ont opposé une résistance parfois acharnée, on a eu, à travers le temps, un compromis qui a généré des différenciations importantes entre les systèmes normatifs des diverses unités territoriales de la France.

La centralisation linguistique a commencé par l'Edit de Villers-Cotterêts donné par François Ier en 1539, par l'intermédiaire duquel le français a été imposé comme

---

[144] Cette dernière image est mise en évidence d'une manière suggestive dans une peinture anonyme réalisée à la fin du XVe siècle qui présentait, parallèlement, le couronnement du roi David et celui de Louis XII (ce dernier ayant eu lieu en 1498). Les ressemblances entre les deux personnages et les deux processions sont évidentes.

langue unique dans l'administration (y compris dans les relations avec les sujets) :

> « Nous voulons d'oresnavant que tous arrests, ensemble toutes autres procédures, soient de nos cours souveraines et autres subalternes et inférieures, soient de registres, enquestes, contrats, commissions, sentences, testaments, et autres quelconques, actes et exploicts de justice, ou qui en dépendent, soient prononcés, enregistrés et délivrés aux parties en langage maternel françois et non autrement ».[145]

Elle a continué, au XVIe siècle, par la création de l'Académie Française. Ces efforts ont déterminé la généralisation précoce, au Nord de la France, d'une forme stable du français, qui a réussi, vers la fin du XVIIe siècle, à intégrer généralement les dialectes et les parlers locaux. Dans les régions situées au Sud de la Loire et du Massif Central, là où la tutelle de la royauté était plus faible, les dialectes et les parlers locaux ont résisté et se sont coagulés dans deux langues peu unitaires, l'occitan et le provençal.[146] Les communautés identitaires des zones rurales du Midi se sont formées notamment à travers l'expérience de ces dialectes : nous pouvons rétrospectivement identifier des communautés identitaires gasconne, béarnaise, provençale, etc., mais, en même temps, des élites aristocratiques et bourgeoises émergentes intégrées dans une communauté identitaire de langue française. *Ce furent seulement la nation politique et l'uniformisation réalisée au nom de celle-ci qui*

---

[145] V. *Recueil général des anciennes Lois françaises*, art. 111, Bibliothèque de l'Assemblée Nationale, Paris.
[146] Pour une analyse détaillée, v. Jean-William LAPIERRE, *Le pouvoir politique et les langues. Babel et Leviathan*, Paris, PUF, 1989.

ont mis fin à ce genre d'identification ambigüe. Ainsi, à peu près trois cent ans après les premiers efforts concernant la centralisation administrative-linguistique, le rapport présenté en 1794 par l'abbé Grégoire devant la Convention montrait que la France méridionale était encore dominée par les identifications particularistes, malgré les efforts centralisateurs de la royauté.[147] L'unité de la communauté identitaire au niveau de l'ensemble du territoire sera accomplie par la transformation des communautés identitaires dans une communauté politique unique.

A l'aube de la modernité, la France avait connu le développement d'une couche bourgeoise qui a essayé de pénétrer dans les rangs de l'aristocratie politiquement privilégiée. Cette pénétration progressive de l'aristocratie a été très souvent empêchée par cette classe qui voyait son statut « exceptionnel » menacé. A partir du XVIe siècle, sous l'impact de la Réforme, la contestation de l'aristocratie par les couches bourgeoises de plus en plus riches a eu lieu aussi sous l'étendard du combat pour la liberté religieuse (qui, à l'époque, avait pris la forme du jansénisme). La hâte de la Contreréforme de mettre un terme aux « hérésies » (à travers l'annulation de l'Edit de Nantes) a déterminé la disparition politique officielle de ce courant ; cependant, replié au sein de la communauté identitaire, le jansénisme n'a jamais cessé d'alimenter le « menu peuple » avec des prêches contre l'absolutisme monarchique.[148] Au XVIe siècle, ont a réé les possibilités matérielles et spirituelles pour l'émergence et la stabilisation d'un mouvement patriotique, précurseur de la

---

[147] V. Colette BEAUNE, *Naissance de la nation France*, Paris, Gallimard, 1985, pp. 29-30.

[148] Il s'agit, par exemple, de G.-N. Mautrot, qui se prononçait, au milieu du XVIIe siècle, contre ce qu'il appelait le « gallicanisme monarchique ». Pour des détails concernant le XVIe et le XVIIe siècles, v. Myriam YARDENNI, *La conscience nationale en France pendant les Guerres de religion*, Paris-Sorbonne, Nauwelaert, 1971.

communauté politique. L'absolutisme monarchique a déterminé, au XVI⁰ siècle, la délimitation de la royauté par rapport aux communautés identitaires et l'engagement d'un processus de politisation des ces dernières.

L'étude du cas français nous permet d'observer que le processus de constitution d'une communauté politique peut être parallèle avec celui d'agrégation et de consolidation de la communauté identitaire et qu'on peut avoir entre les deux processus non pas nécessairement une inter-détermination, mais seulement une interdépendance relative. De cette manière, on peut dire que le noyau de la communauté politique française a été initialement formé d'une bourgeoisie qui n'a pas été capable d'acquérir un statut politique privilégié, alliée contre l'absolutisme monarchique avec une partie de l'aristocratie provinciale qui réclamait les droits politiques arrachés au Roi à travers la nomination des Parlements provinciaux dont la convocation a été délibérément ajournée. Bien que ces parlements n'eussent pas de légitimité, ils représentaient quand même un instrument de pression sur la monarchie. De cette façon, il y a eu un *transfert d'agence* d'une part de l'aristocratie, mécontente d'avoir vu sa position péricliter, et d'une partie de la bourgeoisie, qui avait réussi à s'acheter des fonctions publiques et qui voulait étendre son influence politique, vers une partie plus large de la petite bourgeoisie, du clergé sans privilèges et de l'armée. Le transfert d'agence a eu comme objet la propagation, à travers les matériels imprimés (notamment *Les Encyclopédies*), des idées politiques anti-absolutistes et des modèles de gouvernance populaire, accompagnés par les méthodes d'action politiques sous-jacentes. C'est seulement cette deuxième couche, assez diffuse, mais largement répandue sur le territoire de la France, qui a été capable de transférer vers la communauté identitaire, tant bien que mal, les idées nationales et révolutionnaires.

Vers la fin du XVIIe siècle, on peut déjà parler d'un processus de coagulation de la communauté identitaire, sous l'impact de la pression de la communauté politique, qui était à son tour dans un processus d'agrégation.[149] A la mort de Louis XIV, le processus d'autonomisation de la communauté politique face à l'institution monarchique était assez avancé. *L'usage ambigu du terme « nation »* à l'époque reflète précisément l'existence d'une différenciation entre la communauté politique (qui était, à son tour, vaguement délimitable) et la communauté identitaire ou, plutôt, les communautés ethno-identitaires. Ahmed Slimani note que, à la fin du XVIIIe siècle, les sens du mot français « nation » étaient encore multiples.[150] La nation pourrait signifier :

- un « peuple » (on parlait de la « nation iroquoise » dans un document rédigé à la fin du XVIIe) ; pourrait signifier « foule » (connotation négative) ;

- une personne morale (un sujet de droit, tout comme *jus gentium* désignait le droit des peuples) ;

- l'humanité toute entière (plutôt en tant qu'espèce, « la nation humaine ») ;

- la population d'une province (les Parlements provinciaux essayaient d'imposer le terme « nations provinciales »,

---
[149] Le même raisonnement est avancé par Fernand BRAUDEL dans *L'identité de la France*, vol. II, *Les hommes et les choses*, Pars, Flammarion, 1990, p. 122 et suivantes.
[150] V. Ahmed SLIMANI, *La modernité du concept de nation au XVIIIe siècle (1715-1789) : apports des thèses parlementaires et des idées politiques du temps*, Marseille, Presses Universitaires d'Aix-Marseille, 2004, p. 70 et suivantes.

qu'ils voulaient opposer au droit divin du souverain) ;

- finalement, mais probablement c'est bien le sens le plus important pour notre approche, la nation désignait la « classe » ou « l'Etat » (au sens d'Etats généraux).

C'est ce dernier sens que les contestataires de l'absolutisme ont employé lorsqu'ils ont imaginé les modalités de conquérir le pouvoir politique. En vertu des compromis historiques entre la royauté et l'aristocratie, les Etats Généraux (le Premier Etat – la haute aristocratie, le Second – le haut clergé, le Tiers – « le peuple ») étaient les seuls en mesure d'approuver toute modification concernant le système de taxation. Mais, à partir de la fin du XVIe siècle, la modification des rapports de production en faveur du milieu urbain et, donc, de la bourgeoisie, a déterminé le rétrécissement constant de la base de taxation, qui était plutôt conçue pour le système féodal de production.[151] Bien que le besoin de convoquer les Etats Généraux se fût fait sentir dès le milieu du XVIIIe siècle, la convocation a été déférée jusqu'en 1789, en devenant fatale pour l'Ancien Régime. Si le déroulement des événements proprement-dits ne nous préoccupe point ici, il est tout de même important de souligner le fait que la *fusion des communautés identitaire et politique a eu lieu à travers l'identification du Tiers Etat avec l'ensemble de la nation*. Cette identification a été possible surtout grâce à la popularisation de l'idée de nation, amplifiée dans la seconde moitié du Siècle des Lumières, et surtout durant le règne de Louis XVI, à travers les mécanismes d'une propagande systématique, appuyée par des ressources financières d'une partie de la bourgeoisie.

---

[151] V. Vincent GOURDON, *Economie et société sous l'Ancien Régime*, Paris, Hachette, 2000, notamment pp. 40-58.

Une brochure anonyme, distribuée gratuitement, surprenait la quintessence du contenu de cette campagne :

> « Qu'est-ce que la nation ? Ce sont les prêtres, les nobles et tous les habitants, réunis ensemble. (...) Qu'est-ce que la patrie ? Le pays où nous sommes nés et où nous trouvons nos parents, notre famille, notre héritage ».[152]

Le *transfert d'agence* entre, d'un côté, la communauté politique restreinte et les couches mentionnées ci-dessus, et, de l'autre côté, la communauté identitaire élargie a eu lieu à travers la propagation de l'idée de représentation de la communauté, émancipée à tel point qu'elle se prétendait nation. La représentation reposait sur l'idée que la communauté identitaire devrait déléguer aux élites politiques le mandat de parler au nom de la communauté-nation et d'opposer à la volonté du *Roi* la volonté de la *Nation*. Ce mouvement a été favorisé par le distancement du Roi par rapport à la communauté et, notamment, par le refus de celui-ci de se considérer responsable devant la nation : en 1767, Louis XIV rejeta les prétentions des Parlements provinciaux (d'ailleurs, très peu justifiés) de représenter la nation ou « les nations », en montrant que le serment prêté par le roi était devant Dieu et non pas devant la nation.[153] Ainsi, si le « corps imaginaire » du Roi pourrait saisir spirituellement l'ensemble des sujets, celui-ci ne pouvait pas saisir la nation, puisqu'elle se prétendait autonome, et, de surcroît, puisqu'elle considérait que le Roi et son corps imaginaire étaient extérieurs à la nation. Au printemps 1792,

---

[152] Brochure anonyme de 1789. *Apud* Ahmed SLIMANI, *op. cit.*, p. 528.
[153] « Le serment que j'ai fait, non pas à la nation, mais à Dieu seul », *apud* Jean-Yves GUIOMAR, *op. cit.*, p. 39.

alors que le roi Louis XVI acceptait finalement, tant bien que mal, cette relation, les événements avaient déjà connu une évolution qui faisait la réconciliation entre le Roi et la nation impossible.

La formulation de la conception de la nation comme fusion entre les communautés politique et identitaire et l'identification de celle-ci avec le Tiers Etat ont couronné l'autonomisation définitive de l'idée de nation. « Idéologue » de cette identification, l'abbé Sieyès a promu ses idées tout en étant préoccupé, avant tout, par leurs effets sur la conscience collective. La simplicité représente la qualité principale qui a assuré le succès du dialogue entre les élites politiques émergentes et la communauté identitaire :

« Qu'est-ce que le tiers état ?
– Tout.
– Qu'a-t'il été jusqu'à présent dans l'ordre politique ?
– Rien.
– Que demande-t-il ?
– A être quelque chose ».[154]

La Révolution française de 1789 marque le triomphe de la nation, qui devient, désormais d'une manière officielle, le principe de légitimation du gouvernement. Le tournant jacobin de la Révolution souligne justement la préoccupation essentielle des élites politiques révolutionnaires concernant la légitimation directe devant la communauté nationale. Reprise sous le Premier Empire, cette préoccupation revient d'une manière obsessive après la

---

[154] Emmanuel-Joseph abbé de SIEYES, *Qu'est-ce que le tiers état ?*, janvier 1789, Bibliothèque Nationale de France, Paris, quota : L3^{39} 1086 C.

Restauration et est instituée en tant que principe politique fondamental après 1848.

Le modèle français de la communauté nationale, sacralisée à travers la Constitution, est exportable parce qu'il réussit à dépasser, par le caractère abstrait de « l'Acte Fondamental », les caractéristiques contextuelles (ce qui n'arrive pas avec le modèle national britannique). Ce modèle peut ainsi être appliqué dans tout cadre et contexte identitaire – comme ce fut le cas en 1848 – indépendamment de la nature de celui-ci. Ce modèle suppose une relation directe et immédiate entre l'Etat et le citoyen, voire un principe d'individuation, réalisé justement à travers la participation à la nation, en tant qu'identité collective. *C'est bien le paradoxe de la nation. En politisant la communauté identitaire, la nation la transcende et la dissout pour la réinventer en fonction de ses besoins de représentation.* Dans ce modèle, l'individu quitte le cadre identitaire ethnique, qui lui limitait la liberté à l'intérieur des frontières de l'ethnie et, subséquemment, à l'intérieur des frontières des unités sociales incluses dans l'ethnie, pour l'inscrire dans le cadre national :

> « L'idée nationale est porteuse d'un principe d'individuation, qui confère à l'entité politique sa spécificité par rapport à d'autres collectivités ».[155]

A son tour, le cadre national ne peut pas être autrement que restrictif. Le caractère restrictif de ce cadre découle non pas seulement de l'origine ethno-identitaire de la

---

[155] Jean de MUNCK, « Les minorités en Europe » in J. LENOBLE, N. DEWANDRE (coord.), *L'Europe au soir du siècle*, Bruxelles, Esprit, 1992, p. 143.

communauté nationale, mais aussi de sa nécessité inhérente de se délimiter par rapport à d'autres cadres nationaux. Le modèle français de la communauté identitaire, qui prend la forme politique de la nation civique, a été le résultat de certaines expériences historiques, dont la particularité a consisté plutôt dans le fait que l'autonomisation de la communauté identitaire s'est produite plutôt contre l'Etat. Dans les mots de Jean-Yves Guiomar,

> « La nation et la patrie existent déjà à partir du moment où se dégage un mouvement stable qui atteste l'existence d'une société comme ensemble distinct par rapport au souverain incarné par un individu (roi, prince, évêque) et dont le résultat est soit la réduction de ce souverain à un rôle figuratif, soit son élimination totale ».[156]

La construction des nations européennes, au XIXe siècle et au début du XXe siècle selon le modèle français, prouve, d'un côté, sa force et sa viabilité et, de l'autre, sa faiblesse. Lorsque la nation politique reposant sur une certaine communauté identitaire est imposée aux autres communautés identitaires déjà conscientes d'elles-mêmes (et donc aspirant elles-mêmes au statut de nations), le modèle a eu peu de chances de fonctionner. C'est le cas de la « grande » nation hongroise en 1848. Par contre, là où les facteurs historiques n'ont pas permis aux autres communautés identitaires de devenir conscientes d'elles-mêmes, le modèle français de la nation semble fonctionnel. C'est bien plus ou moins le cas des Etats-Unis et de certains pays de l'Amérique du Sud.

---

[156] Jean-Yves GUIOMAR, *op. cit.*, p. 29.

***

Les cas étudiés ci-dessus ont mis en évidence le bien-fondé de notre approche théorique. La nation provient, dans les deux cas, des communautés identitaires, pré-nationales, voire ethniques. Dans les deux cas, la conscientisation identitaire des communautés a déterminé leur autonomisation : dans le cas de l'Angleterre, plutôt par l'intermédiaire de l'*establishment* politique, dans le cas de la France, plutôt à l'inverse, c'est-à-dire contre le pouvoir politique en place. Dans les deux cas, le moment de la prise de conscience de son existence par la communauté identitaire correspond au moment d'une assimilation de la logique de l'action politique. L'*habitus* identitaire a déterminé les manières dont a eu lieu l'échange d'*agence* (dans le cas de l'Angleterre) et le transfert d'*agence* (dans le cas de la France) entre la communauté politique et la communauté identitaire. Dans les deux cas, lorsque la communauté identitaire et la communauté politique ont coïncidé, suite à l'échange ou au transfert d'*agence*, la nation est devenue une entité autonome, différente par rapport à l'Etat, à la communauté politique pré-nationale ou à la communauté identitaire pré-nationale. Autrement dit, on a pu parler de *nation* seulement dès le moment où *la communauté identitaire est devenue autonome du point de vue politique*.

Etat et nation

> *En ce qui concerne l'identité nationale, il faut dire que non seulement les membres doivent s'imaginer qu'ils sont des nationaux ; non seulement ils doivent s'imaginer leur nation comme une communauté ; mais ils doivent s'imaginer aussi qu'ils savent ce que c'est une nation ; et ils doivent identifier l'identité de leur propre nation.*
>
> Michael Billig

Le processus de construction des nations-modèles ne s'est pas achevé à la fin du XVIIIe siècle. Dans le cas des autres communautés, ce processus n'avait même pas commencé. Les mécanismes décrits ci-dessus correspondent à la phase constitutive de la nation, c'est-à-dire au moment où celle-ci a émergé comme réalité historique. Du XVIe au XVIIIe siècle, dans le cas de l'Angleterre et de la France, les communautés identitaires ont acquis les qualités nécessaires et suffisantes pour devenir nations. Le processus de construction nationale était, cependant, à son début. C'est la raison pour laquelle certains chercheurs, tel Pierre Fougueyrollas, considèrent que nous devons interposer entre la communauté ethnique et la nation une étape intermédiaire, la nationalité. Cette communauté intermédiaire ferait le passage entre les deux. La différence entre la nationalité et la nation consisterait en ce que la nation avait réussi à s'édifier un Etat (l'Etat-nation), alors que la nationalité aurait failli (temporairement, au moins) dans cette démarche.[157] Puisque nous ne partageons pas cette opinion, dans les pages suivantes, comme nous l'avons anticipé dans la section antérieure, nous allons discuter du problème de la relation entre l'Etat et la nation.

Une précision d'ordre sémantique s'impose d'abord. Si dans la littérature anglo-saxonne la nation est analysée surtout par le prisme de l'Etat (par exemple, dans le *Dictionnaire de l'histoire des idées* de 1973, le concept de « Nation » est étudié dans l'article dédié au mot « Etat »[158]), c'est parce qu'il y a une différence sémantique et non pas parce qu'il y aurait une vision à part en ce qui concerne la formation et l'évolution des nations. La différence sémantique par rapport à la littérature « continentale » consiste dans le fait que la nation réunit, selon les scientifiques anglo-saxons, plutôt la totalité des citoyens d'un Etat actuel (même s'ils ne font pas tous partie de la société respective) et non pas un groupe identitaire ou sociopolitique.[159] Mais ceci n'empêche pas que les analyses issues de la littérature anglo-saxonne prennent en compte la nécessité de préciser, presque systématiquement, ce que les auteurs en question entendent par « nation ».

Le dilemme principal concernant l'indétermination de la relation entre l'Etat et la nation est synthétisé par Stéphane Pierré-Caps :

---

[157] V. Pierre FOUGUEYROLLAS, *op. cit.*, p. 20.
[158] Philip P. WIENER (ed. in chief), *Dictionary of the History of Ideas*, New York, Charles Scriber's Sons, 1973.
[159] Pour une discussion concernant les différences entre les visions américaine, française, allemande et russe de la nation, voir Jean LECA, « De quoi parle-t-on ? » in Serge CORDELIER, Elizabeth POISSON, *Nations et nationalisme*, Paris, La Découverte, 1995.

« L'Etat est un ordre juridique, étant à la fois une structure technique proprement dite, ou la matérialisation de la réalité sociologique d'un peuple, exprimée à travers la nation ? »[160]

Hans Kelsen était plutôt favorable à la première variante, en voyant dans l'Etat la formule qui avait permis l'instauration de l'ordre par l'intermédiaire d'un mécanisme de nature technico-juridique.[161] Par contre, Carl Schmitt croit plutôt à la seconde possibilité ou, plus précisément, à une variante intermédiaire, selon laquelle l'Etat a une nature duale.[162] Selon Schmitt, l'institution de la nation est réalisée par le pouvoir constituant, qui fait de celle-ci une unité capable d'action politique, douée d'une conscience propre et ayant une volonté définie d'agir politiquement. Selon cette interprétation, la nation ne peut pas exister en l'absence d'un pouvoir constituant et, puisque ce dernier est l'expression de l'Etat, la nation ne peut pas exister en dehors de l'Etat. Georgio Agamben saisissait une confusion terminologique qui était le résultat des polyvalences de la notion d'Etat et de ses rapports avec les notions de nation, politique, pouvoir et souveraineté. Il croit plutôt qu'il y a eu une identification de l'Etat avec la structure politique qui a opéré « la politisation ultérieure des vies » des citoyens.[163] En même temps, Agamben a spéculé l'étymologie du mot *natio* pour démontrer que c'est l'Etat et non pas la nation qui *prend naissance*.

---

[160] Stéphane PIERRE-CAPS dans *Les mutations de l'Etat-nation en Europe à l'aube du XXIe siècle*, Eds. du Conseil de l'Europe, coll. Sciences et techniques de la démocratie, n° 22, Nancy, 2001, p. 37.
[161] V. Hans KELSEN, *Théorie pure du droit*, Paris, Sirey, 1962.
[162] Carl SCHMITT, *La notion de politique. Théorie du partisan*, Paris, Flammarion, 1992.
[163] Georgio AGAMBEN, *Homo Sacer. Le pouvoir souverain et la vie nue*, Paris, Seuil, 1997.

« Etat-nation signifie : Etat qui fait de sa nativité, de la naissance, le fondement de la souveraineté ».[164]

Comme nous l'avons montré dans le chapitre antérieur, nous considérons que la relation entre l'Etat et la nation est une relation ambivalente, d'interdépendance réciproque. L'aspiration de la nation, en tant que communauté identitaire autonome du point de vue politique, est, naturellement, l'édification d'un Etat. Cette aspiration est, cependant, une aspiration utilitaire, et donc plutôt un moyen (à travers lequel la nation se garantit l'existence) qu'un but en soi. L'épuisement de la viabilité de la structure étatique entraînera la modification de ses formes institutionnelles. Cette modification est opérée par la nation par l'intermédiaire de ses représentants, lorsque l'Etat ne correspond plus aux besoins socioculturels de la nation.

Peter J. Katzenstein est favorable à une compréhension culturelle de l'ensemble des institutions, y compris de l'Etat dans son ensemble. Il explique le fait que, tout comme les autres institutions, l'Etat reflète certaines normes et connaissances sociales (les *shared knowledge* d'Alexander Wendt) et, qu'une fois ces normes et connaissances altérées, l'ensemble institutionnel est lui-même soumis à des modifications, qui puissent aller jusqu'à sa réinvention.[165] Le fait qu'il y a des Etats qui n'ont pas réussi à se structurer des nations proprement-dites (comme c'est le cas de la Belgique, selon des chercheurs comme Philippe de

---

[164] Georgio AGAMBEN, *Moyen sans fins*, Paris, Editions Payot et Rivages, Rivages Poche, 2002, p. 31.
[165] Peter J. KATZENSTEIN, *Beyond Power and Planty*, Madison, Wisc., University Press, 1978.

Bruycker, François Perrin ou bien Lode Wils[166]) et le fait qu'il y a des nations qui ne « vivent » pas dans des « Etats-nations » (telles les nations basque, kurde ou catalane) prouvent justement qu'il n'y a pas de relation d'identité entre l'Etat et la nation. De l'autre côté, le fait que les nations ici énumérées se proposent l'édification des Etats et que certains Etats ont essayé (sans succès) de se construire des communautés nationales souligne la relation de dépendance entre l'Etat et la nation.

La relation de dépendance réciproque entre la nation et l'Etat est due au processus historique par lequel l'Etat a repris la communauté identitaire, a généré la conscience de celle-ci (là où la communauté n'était pas préalablement devenue consciente d'elle-même) et a « construit » la nation, au sens où il a déterminé, à travers ses institutions, la standardisation, l'uniformisation et l'homogénéisation de la communauté. Ceci étant, la *nation* est restée une *communauté identitaire politiquement autonome*, y compris par rapport à l'Etat, puisqu'elle a continué d'être la détentrice d'une volonté collective opposable à l'Etat, comme nous l'avons déjà vu dans le cas de la France. Dans les mots de Rodney Bruce Hall,

> « [...] l'Etat est seulement la manifestation rationnelle, bureaucratique, institutionnelle de l'identité collective de la société ; de la nation, à l'époque du nationalisme. Etat et nation ne sont pas synonymes. Du point de vue historique, l'Etat

---

[166] V. Philippe DE BRUYCKER in *Les mutations de l'Etat-nation en Europe à l'aube du XXIe siècle*, Eds. du Conseil de l'Europe, coll. Sciences et techniques de la démocratie, n° 22, Nancy, 2001, pp. 62-74 ; François PERRIN, *Histoire d'une nation introuvable*, Bruxelles, P. Legrain, 1988 ; Lode WILS, *Histoire des Nations belges*, Louvain, Quorum, 1996.

a précédé la nation, mais il a été aussi précédé par la nation ».[167]

L'existence de l'Etat ou d'une formule institutionnelle équivalente ne garantit pas la préexistence d'une communauté identitaire, autour duquel une telle communauté se serait structurée, mais, notamment dans le cas des Etats ayant une existence limitée dans le temps, elle met en évidence seulement la capacité des structures élitaires de projeter le pouvoir sur une certaine population. Il est hasardé de faire des propos tel celui de Jean Lejeune qui, tout en étudiant le degré d'autonomie atteint du XIIIe au XVe siècle par la Principauté ecclésiastique de Liège, affirme que les habitants de cette unité ont constitué la première nation de l'histoire.[168] Sa conclusion ne tient pas compte des relations sociales du Liège médiéval, qui reposaient sur la séparation étanche de l'élite par rapport à la communauté et qui ne permettaient qu'une mobilité sociale extrêmement réduite. En plus, les relations des individus de la Principauté avec les individus des autres régions représentaient, du point de vue identitaire, les germes d'une communauté – la communauté wallonne – qui dépassait largement le périmètre limité de l'Archevêché de Liège.

Il n'y a donc pas d'argument pour soutenir l'existence d'une structure intermédiaire entre la communauté

---

[167] « [...] the state is just the rational, bureaucratic, institutional manifestation of societal collective identity; of the nation, in the age of nationalism. The state is not coterminous with the nation. Historically the state has both preceded and followed the nation », Bruce Rodney HALL (ed.), *National Collective Identity: Social Constructs and International Systems,* Columbia University Press, 1999, cap. II, p. 2, www.ciaonet.org/book/hall (consulté le 15 septembre 2009)

[168] Jean LEJEUNE, *Liège et son pays, naissance d'une patrie*, Liège, Presses Universitaires, 1948.

identitaire et la nation, qu'on appelle une telle communauté intermédiaire « nationalité », « proto-nation » ou d'un autre nom. Puisque l'espace politique de la communauté identitaire est occupé par la nation, clairement identifiée dans les termes de notre théorie, nous ne trouvons pas de raison pour désigner avec un autre terme une certaine partie des nations (plus précisément, celles qui ne sont pas organisées dans des « Etats-nations »). Certes, nous admettons que, du point de vue politique, des syntagmes historiques, comme « le principe des nationalités », ou usuelles, comme « citoyens utopien de nationalité non-utopienne » peuvent très bien servir à l'identification précise des acteurs et de leurs caractéristiques dans une situation bien définie.

La théorie de « l'Etat-nation » se trouve ainsi en opposition avec la théorie de la nation en tant que communauté identitaire-politique seulement si nous considérons que, selon la première, l'Etat peut être identifié à la nation. En échange, si nous jugeons juste l'affirmation de Bronisław Geremek concernant la relation d'interdépendance entre l'Etat et la nation, le concept d'Etat national est parfaitement incorporable dans notre démarche théorique :

> « L'Europe est attachée à l'idée d'une coexistence harmonieuse entre la nation et l'Etat, selon laquelle ce dernier devrait être considéré le garant de la survie de la nation et le gardien de la mémoire nationale, en créant ainsi un cadre pour l'expression et l'affirmation de l'identité nationale ».[169]

---

[169] Bronislaw GEREMEK, « Etat et nation dans l'Europe du XXe siècle » in François FURET (dir.), *L'héritage de la Révolution française*, Paris, Hachette, 1989, p. 225.

En ce qui nous concerne, nous essayerons d'esquisser dans les pages suivantes les quelques éléments d'un tableau présentant les modalités à travers lesquelles l'Etat a consolidé et, dans certains cas, a construit la communauté nationale.

Les institutions de la nation

A la fin du XVIIIe siècle et au début du XIXe, le projet de la nation comme identité politiquement autonome et comme formule de légitimation de l'organisation de l'Etat était loin d'être le seul projet véhiculé parmi les élites intellectuelles et politiques. L'investissement de la communauté identitaire, du « pays profond », comme acteur politique et comme objet de légitimation d'une identité politique supérieure – la nation – ne correspondait pas aux visions élitistes-aristocratiques ou illuministes-universalistes, qui étaient, les deux, plutôt « cosmopolisantes». L'identification de la nation avec l'ensemble de la population – comme ce fut le cas, par exemple, dans la brochure anonyme citée ci-dessus – et donc l'égalisation du statut de la communauté identitaire avec le statut des élites ne représentaient pas un message agréé par une bonne partie de ces dernières (y compris par ceux qui contestaient avec véhémence l'absolutisme et n'hésitaient pas à faire état au grand jour de leur contestation).

A la fin du XVIIIe siècle et dans la première partie du siècle suivant, nous assistons à la confrontation du projet national avec une série de projets cosmopolitistes. Il s'agit, en tout premier, du projet éminemment intellectuel de la *République des Lettres*, conformément auquel la culture représente un lien suffisamment fort pour bâtir une identité trans-étatique (en fait, transnationale).[170] Frédéric II de Prusse, qui employait les visions cosmopolitistes pour motiver l'absence des réformes dans le cadre de l'absolutisme « éclairé », avait adopté une vision « européaniste », où les élites européennes allaient fusionner

---

[170] V., entre autres, Louis REAU, *L'Europe française au siècle des Lumières*, Paris, Albin Michel, 1951.

en adoptant la langue et les manières françaises, la culture du baroque galant, d'inspiration italienne, l'organisation et l'administration prussiennes.[171] D'un point de vu plutôt idéationnel et projectif, en France, le marquis de Mirabeau – futur révolutionnaire – a développé une conception humaniste, plutôt non-élitiste et « internationaliste », dans un sens plus proche de celui d'aujourd'hui.[172] Ses idées bénéficient d'une « couverture » au niveau européen et ont connu une large circulation et même une sorte d'émulation à travers le continent. A Genève, André-Guillaume de Resnier a porté ses projets cosmopolites si loin qu'il a proclamé la suspension de l'ordre étatique et du temps et l'institution de l'An I de la Raison.[173] L'Anglais Oliver Goldsmith s'était déjà déclaré « citoyen du monde » et avait déjà propagé ce concept au début du XVIIIe siècle.[174]

Tous ces projets et pas mal d'autres ont été soutenus par la double « identité » de leurs promoteurs, qui appartenaient par la naissance à la petite noblesse et par la culture aux Lumières universalistes. L'existence des empires multinationaux marqués, jusqu'à la fin du XVIIIe siècle, par l'influence des « despotes éclairés », comme Joseph II, Alexandre II ou Frédéric II, vient à l'appui de ces projets, notamment parce que leur existence et leur « succès » montrait l'inadéquation apparente des projets nationaux.

Les soutiens du projet national devraient donc faire face à une multitude de propositions et de plans qui étaient

---

[171] V. François-Emile SCHRADER, *L'Allemagne avant l'Etat-nation, le corps germanique 1648-1806*, Paris, Presses Universitaires de France, 1998, pp. 167-76.
[172] Marquis DE MIRABEAU, *L'ami des hommes* (1755).
[173] Pour des détails concernant les projets cosmopolitistes, v. Sophia ROSENFELD, "Citizens of Nowhere in Particular: Cosmopolitanism, Writing, and Political Engagement in Eighteen Century Europe" in *National Identities*, vol. 4, n° 1, 2002, pp. 25-43.
[174] Oliver GOLDSMITH, *The Citizen of the World* (1762).

totalement étrangers par rapport à l'idée de nation. Ils doivent lutter contre l'*establishment* d'une Europe absolutiste, où les idées cosmopolitistes circulaient librement, tandis que les idées nationales étaient drastiquement censurées. Après 1789, les promoteurs de l'idée nationale allaient cependant bénéficier de l'appui d'un Etat qui exportait les idées révolutionnaires, surtout dans la période napoléonienne, et de l'effet synergique que les événements déroulés en France ont eu à travers le monde tout entier. De l'autre côté, les projets cosmopolites n'ont trouvé aucune adhésion populaire, puisqu'ils ignoraient, dans la plupart des cas, les revendications du « peuple ». En outre, comme Benedict Anderson l'a montré, l'identité globale est beaucoup trop abstraite pour pouvoir représenter l'objet principal d'affection pour une couche plus large qu'un groupe restreint et visionnaire.[175] Le sort du cosmopolitisme a été scellé dans les premières décennies du XIXe siècle, c'est-à-dire au moment où l'idée de l'organisation politique des communautés identitaires a sillonné l'Europe et est devenue, par excellence, l'idéal du combat contre l'absolutisme.[176]

Dans le processus de « nationalisation » progressive des consciences identitaires, le rôle central a été joué par l'Etat. Ce furent de nouveau l'Angleterre et la France révolutionnaire qui se sont hâtées à instituer le culte de la nation, en fonction des traditions préexistantes. En Angleterre, le pragmatisme de la royauté a fait que le régime n'échappe pas l'occasion – qui a jailli avec la Révolution française – d'assumer une rhétorique nationale, cette fois-ci d'une manière explicite, par la reprise des concepts français, de façon que le discours publique eût permit l'intégration de

---

[175] V. Bennedict ANDERSON, *op. cit.*, pp. 121 et suivantes.
[176] V., à cet égard, Friedrich MEINECKE, *Cosmopolitanism and the National State*, Princeton, University Press, 1970.

l'institution royale dans la panoplie nationale. Dans une bonne partie des pays occidentaux, y compris en France, après la Restauration, la *nation* est instituée, instrumentalisée et disséminée par l'intermédiaire des institutions étatiques, afin de légitimer les régimes politiques. *La communauté identitaire est dépossédée de sa forme politique que l'Etat s'attribue au nom de celle-ci.*[177]

Comme nous l'avons vu dans le modèle de Rokkan, la capacité des institutions de l'Etat de pénétrer la communauté identitaire a été le principal critère qui a permis la différenciation entre les Etats qui ont réussi à perdurer et ceux qui n'ont pas été capables de se maintenir à travers le temps. Le succès dans le processus de standardisation a déterminé la différenciation entre les Etats qui sont devenus nationaux et ceux qui ont failli à atteindre cet objectif. Trois structures institutionnelles semblent avoir eu un rôle essentiel dans ce processus – *les structures religieuses, éducationnelles et militaires.*

Nous avons déjà vu que le clivage entre la Réforme et le Catholicisme avait généré la séparation entre les « églises réformées princières », les églises catholiques latinisantes et les églises catholiques gallicanes. Au XVIIIe siècle, nous avons été les témoins d'un processus progressif de coagulation des variées factions des églises protestantes, de sorte qu'elles soient devenues des « églises nationales ». Au XVIIIe et, notamment, au XIXe siècle, le gallicanisme catholique a permis, dans le cas de l'Angleterre, de la France, de l'Espagne et de la nouvellement créée Belgique,

---

[177] Pour des précisions sur le cadre théorique d'étude des relations entre les institutions de l'Etat et l'identité des communautés, v. Heather RAE, *State Identities and the Homogenisation of Peoples*, Cambridge, The Syndicate of the Press of the University of Cambridge, 2002, et notamment le premier chapitre, "State Formation and Pathologic Homogenisation".

la promotion d'une culture et d'une éducation militante nationale par l'intermédiaire de l'Eglise. En France, la séparation tardive de l'Eglise par rapport à l'Etat (1880-1905) a ouvert la voie à l'instrumentalisation de la culture nationale à travers les offices religieux et les séminaires catholiques. En Angleterre, où l'Eglise anglicane se trouvait sous l'influence directe de la royauté, il a été beaucoup plus simple de mettre en place une éducation nationale religieuse. Les puritains ont été intéressés, à leur tour, par une telle propagation de la standardisation et l'uniformatisation, puisque celle-ci leur aurait facilité le prêche et la conversion, notamment dans des pays qui avaient auparavant des identités linguistiques différentes, tels l'Ecosse ou le Pays des Galles.

Peu à peu, avec le processus de « désenchantement du monde »[178] qui a culminé dans la deuxième moitié du XIXe siècle, les églises ont gardé plutôt le rôle de coagulatrices de la communauté identitaire autour des valeurs nationales, auxquelles elles prêtaient une dimension transcendantale. L'Etat reprend l'arsenal symbolique des églises qu'il attache au culte de la nation. Le culte de cette dernière se substitue, dans une certaine mesure, au culte de la divinité, de la même manière dont le culte du souverain s'était instillé au lieu du culte de Dieu, tout en réintégrant les valences mystiques et tout en devenant un objet d'adoration. Selon le jugement sévère d'un personnage de Louis-Ferdinand Céline :

« La religion drapeautique remplaça promptement la céleste, vieux nuage déjà

---

[178] V. Marcel GAUCHET, *Le désenchantement du monde : une histoire politique de la religion*, Paris, Gallimard, 1985. L'expression appartient, à l'origine, à Max Weber.

dégonflé par la Réforme et condensé depuis longtemps en tirelires épiscopales ».[179]

Les institutions principales par l'intermédiaire desquelles on a réalisé le processus de standardisation et « d'idéologisation » nationale des communautés identitaires ont été les *institutions d'enseignement*.[180] Comme les églises, les institutions d'enseignements présentaient l'avantage d'assurer une interface directe entre l'Etat et les communautés identitaires ; par contre, à la différence des églises, les écoles offraient à leurs élèves les préalables nécessaires à la sortie de l'état de précarité sociale dans lequel ils pouvaient se trouver. De surcroît, si les églises avaient assuré l'essentiel de l'éducation avant la période moderne, à partir de la fin du XVIIIe siècle et du début du XIXe siècle, nous assistons à un changement des institutions de gestion de l'enseignement : ce ne seront plus les institutions religieuses, mais les institutions de l'Etat, à caractère laïque, qui assureront l'éducation devenue nationale.[181] Victor E. Neuburg nous explique que, par exemple en Angleterre, les écoles populaires allaient devenir, peu à peu, un moyen extrêmement efficace pour la promotion des valeurs nationales et patriotiques, de la

---

[179] Louis-Ferdinand CELINE, *Voyage au bout de la nuit,* Paris, Gallimard, 1952, p. 70.
[180] Pour une vision générale du rôle de l'enseignement dans la modernisation des communautés, v. Fritz K. RINGER, *Education and Society in Modern Europe*, Bloomington, Indiana University Press, 1979.
[181] Pour une analyse générale des commencements de ce processus, v. René GENET, *L'avènement de l'école contemporaine en France 1789-1835 : laïcisation de la culture scolaire*, Villeneuve d'Ascq, Presses Universitaires du Septentrion, 2001.

loyauté face aux institutions et au pays.[182] Les écoles populaires présentaient l'avantage d'être ouvertes face à un public extrêmement large, de tous les âges, d'utiliser un langage simple et de s'intéresser directement à la promotion d'un message national.

Comme Alan Green l'avait montré, au début du XIXe siècle, on a connu, partout dans la partie occidentale de l'Europe, une explosion des systèmes d'enseignement, due, avant tout, à l'émancipation des communautés identitaires, suite à la mobilisation occasionnée par les guerres napoléoniennes.[183] L'ouverture du système d'enseignement primaire aux couches sociales élargies a offert la possibilité de la standardisation et de l'uniformatisation linguistique, tout en déplaçant le centre de pesanteur des identifications individuelles du cercle restreint de la famille au cercle plus large de la nation.[184] L'école a permis l'institution d'une véritable propagation en masse de l'idéologie nationale.[185] Cette propagation avait une dimension gnoséologique – la connaissance de la nation dans ses aspects géographiques, historiques, anthropologiques – qui était liée, vers la fin du XIXe siècle, à une composante essentiellement idéologique –

---

[182] V. Victor E. NEUBURG, *Popular Education in Eighteen Century England*, London, Woburn Press, 1971.

[183] Alan GREEN, *Education and State Formation. The Rise of Education Systems in England, France, and the USA*, London, Macmillan, 1992, pp. 34-9.

[184] Pour l'analyse du rôle général de l'Etat dans la propagation de la culture nationale, v. Pascale GRUSON, *L'Etat enseignant*, Paris, EHESS, 1978.

[185] V., par exemple, Christian AMALVI, *De l'art et de la manière d'accommoder les héros de l'histoire de la France : essai de mythologie nationale*, Paris, Albin Michel, 1988 ; Dominique MANGUENEAU, *Les livres d'école de la République 1870-1914 (Discours et idéologie)*, Paris, Le Sycomore, 1979 ; v. aussi le manuel de propagande *A l'école de la République : le Tour de la France par deux enfants*, Paris, Bibliothèque Nationale de France.

l'institution de la loyauté à l'égard à la nation, de l'amour de la patrie, du culte national des ancêtres, des traditions, des coutumes et du folklore.[186]

Outre l'élargissement du spectre national par l'inclusion des couches de plus en plus variées de la population, le système d'enseignement a permis la consolidation des centres de réflexion sur la nation. Tout en bénéficiant du soutien financier et politique de l'Etat, ces centres-ci ont attiré les spécialistes les plus importants du moment dans des domaines comme l'histoire, la géographie, la philosophie ou la linguistique, qui avaient comme objet de recherche la nation. La Royal Academy ou, notamment, l'Institut de France, connu à l'époque comme « l'Institut des Idéologues », n'en représentent que deux exemples remarquables.[187] Le rôle de ces institutions a été justement celui de déterminer, d'un côté, les caractéristiques de la communauté identitaire et les comportements de celle-ci afin de permettre, de l'autre côté, l'imagination des politiques adéquates visant la composition et la propagation des cultures nationales. L'Etat fait en sorte que la nation adopte ainsi les éléments définitoires ou caractéristiques de la communauté identitaire et les réinvestisse avec des éléments qui, dans la plupart des cas, avaient déjà été dépassés par la communauté identitaire. A cet égard, certains auteurs parlent de « politiques identitaires », conçues par l'Etat afin de politiser et de manipuler politiquement les communautés.[188]

---

[186] Nous avons discuté d'une série de d'éléments liés à la constitution de la nation notamment dans le premier chapitre, dans l'analyse des théories pérennalistes.
[187] V. Claude NICOLET, *op. cit.*
[188] Comme, par exemple, Eli KEDOURIE, *Nationalism and Politics*, New York, Hutchinson, 1960 ou Benjamin AKZIN, *State and Nation*, London, Verso, 1964.

On peut dire que, sans la contribution des institutions d'enseignement, la communauté identitaire serait restée inconsciente de sa propre existence ou en serait devenue consciente seulement d'une manière intuitive. L'*habitus* identitaire aurait pu demeurer une caractéristique stable de la communauté même en l'absence de l'*agence* proprement dite, exercée par l'Etat à travers l'institutionnalisation de l'éducation nationale. Mais l'Etat a permis la conscientisation de la communauté identitaire dans son ensemble et l'instrumentalisation politique de la conscience identitaire sous la forme de la nation. On peut dire que l'éducation publique fait que la nation devienne, pour tous les citoyens, la seule forme de légitimation de l'action politique entreprise par l'autorité de l'Etat. En incluant tous les attachements antérieurs de l'individu et en les valorisant comme éléments structurants de la nation, *l'éducation publique institue la nation, à la fois, comme forme unique dans la laquelle le contenu des attachements antérieurs peut être valorisé et comme l'unique contenu pour lequel les formes connues par ces attachements trouvent leur sens.*

Enfin, le triptyque des institutions qui ont eu une influence décisive sur le processus d'édification nationale est complété par l'*armée*. La généralisation progressive du caractère obligatoire de la conscription militaire a déterminé, comme nous l'avons esquissé ci-dessus, l'émancipation des larges couches populaires et surtout des couches marginales et rurales.[189] Contrastant avec les armées des empires multinationaux du Centre et de l'Est de l'Europe, les armées des « Etats-nations » sont soumises à un processus continuel d'idéologisation, afin d'instituer une culture de la loyauté envers la patrie. Cette loyauté acquiert, dans le cas des Etats-

---

[189] Pour une analyse du rôle de la conscription, v. Maurice VAISSE, *Aux armes, citoyens! : conscription et armée de métier des Grecs à nos jours*, Paris, Acolin, 1998, pp. 212-29.

nations, des valences holistiques, puisque l'Etat véhicule l'idée que toute défaite hypothétique face à l'adversaire peut mener à la désintégration de la nation, ce qui équivaudrait la disparition de la culture, de la famille et des propriétés de chaque soldat. Les rituels militaires, tout comme les rituels religieux, entretiennent l'atmosphère solennelle dans laquelle la loyauté envers la nation et l'idéal de la défense de la patrie ont pu être très attentivement cultivés.[190]

Si l'éducation nationale a permis « l'inoculation » des éléments de l'idéologie nationale par l'intermédiaire de la communication de certaines connaissances, l'armée a réalisé cet objectif notamment à travers la manipulation des (parfois premières) rencontres directes. Celles-ci avaient lieu, avant tout, par le détachement de l'individu de l'espace communal limité et par sa projection dans un « espace national », aux côtés des autres individus, choisis, dans la plupart des cas, selon le critère de la diversité régionale. Puis, à l'intérieur de ce mini-espace national, on opérait une solidarisation qui, quoi qu'artificielle au début, devenait naturelle par l'intersubjectivité. Le reflet de telles expériences sur le plan identitaire est profond : une fois rentrés dans leurs villages d'origine, les individus devenaient eux-mêmes les agents d'un patriotisme qu'ils promouvaient généralement d'une manière involontaire.[191] En même temps, l'armée était un ressort essentiel de la mobilité socio-identitaire, puisqu'une

---

[190] V., par exemple, Ronan FAOU, *1000 devises de l'armée de terre*, Panazol, Lavauzelle, 2004 ; Line SOUBIER-PINTER, Jacques LE GOFF, *Au-delà des armées : le sens des traditions militaires*, Paris, Imprimerie nationale, 2001.

[191] Ce phénomène a été évident plus particulièrement dans le cas de la France, de l'Angleterre et de la Prusse. V., respectivement, Pierre MONTAGON, *Histoire de l'armée française : des milices royales à l'armée de métier*, Paris, Pygmalion, 1997, p. 239 et suivantes ; Jock HASWELL, *The British Army : A Concise History*, London, Thames and Hudson, 1975, pp. 130-2 ; Jacques BENOIST-MECHIN, *Histoire de l'armée allemande*, Paris, Robert Laffont, 1984.

bonne partie des militaires démobilisés changeaient de domicile et de profession, en faisant ainsi le lien entre la région d'origine, l'espace abstrait et « national » de l'armée et la région de destination.

Outre les trois institutions dont les rôles ont été brièvement analysés, d'autres institutions ont été sans doute impliquées dans le processus de construction nationale. Il s'agit du système administratif-bureaucratique et du système juridique et policier, qui ont assuré l'institution de l'ordre régalien de l'Etat dans la communauté identitaire et ont permis l'action des autres institutions. Il y a eu aussi l'implication des divers ministères économiques et commerciaux de l'Etat, qui ont exercé un certain contrôle sur les relations de travail entre les propriétaires fonciers et la bourgeoisie, d'un côté, et la population « régulière » dont la mobilité sociale avait exponentiellement augmenté, de l'autre côté.

L'institutionnalisme historique nous offre une base théorique solide pour l'appréhension des relations entre les diverses institutions de l'Etat et ce que nous appelons ici des communautés identitaires. Cette orientation relativement récente de la sociologie de l'histoire a comme préoccupation principale « d'attirer l'attention sur la façon dont les configurations institutionnelles préparent l'émergence d'une certaine définition des intérêts communs ».[192] Autrement dit, entre la configuration de l'Etat et la forme prise par l'identité nationale dans un certain contexte, il y a un lien profond. Cette observation générale nous permet d'affirmer que la nation, en tant que forme politique autonome de la communauté identitaire, est le résultat de l'action de

---

[192] Theda Scokpol, citée par Kathleen THELEN, "The Explanatory Power of Historical Institutionalism" dans Renate MAYNTZ (Hg), *Akteure-Mechanismen-Modelle Zur Theoriefahigkeit makro-sozialer Analysen*, Frankfurt am Mein, Campus Verlag, 2002, p. 91.

certaines institutions, qui avaient des configurations spécifiques, lesquelles configurations avaient été antérieurement générées par les configurations de la communauté identitaire. Ainsi, *la relation entre Etat et nation est, en fait, une relation d'échange de configurations, dans des contextes spécifiques.* Steven Krasner a bien montré que

« les institutions persistent ou s'écroulent suite à un choque exogène ou à une pression venue de la part de l'environnement [dans lequel elles se trouvent] ».[193]

Les institutions dépendent donc des configurations qui leur sont extérieures. Quand même, il faut prendre en considération le rôle structurant exercé par les institutions dans la manière d'être et d'agir des nations et, en fait, dans la configuration consciente de celles-ci. Dans notre cas, les institutions de l'Etat, dont les configurations plongent leurs racines dans la façon dont les élites se sont légitimées par rapport aux communautés identitaires, ont généré, à leur tour, des configurations que la communauté identitaire a connues sous la forme de la nation politique.

---

[193] Stephen KRASNER, "Sovereignty: A Comparative Perspective" in *Comparative Political Studies* n° 21 (1), 1988.

Local, régional, national. Les modèles de l'intégration nationale

L'homogénéisation de l'espace national ne pouvait pas être réalisée sans opérer une synthétisation des cadres identitaires préexistants, voire de l'espace national et régional. Comme nous l'avons montré dans la section antérieure, dans certains cas, les identités locales et régionales avaient connu un essor considérable, certaines d'entre elles jusqu'à l'état d'ethnie. Les ethnies avaient ou n'avaient pas la propension de se développer des consciences politiques et donc pouvaient ou ne pouvaient pas devenir nations. Dans les cas où les élites régionales faisaient plutôt partie d'une communauté politique nationale qui allait se superposer sur les communautés identitaires, la communauté identitaire régionale a été absorbée par la communauté nationale. Ce fut bien le cas de la Gascogne. De l'autre côté, dans les cas où la communauté identitaire régionale était dominée par des élites intégrées plutôt dans les communautés régionales, la communauté identitaire régionale a essayé de résister à l'absorption par des moyens politiques et, parfois, militaires. Dans certains cas, telle l'Irlande, elle a réussi. Mais dans la plupart des cas, les pressions politico-identitaires exercées par une communauté plus large ont été trop fortes et ont finalement déterminé la fusion partielle entre la communauté identitaire et la communauté nationale. Dans ces derniers cas – comme, par exemple, dans le cas de l'Italie – l'identité régionale et l'identité locale ont gardé une série de caractéristiques importantes, même si elles ont été incluses dans la communauté politico-identitaire la plus large, voire dans la communauté nationale.

On peut observer l'émergence de deux principaux modèles d'intégration des communautés identitaires locales et régionales dans la communauté nationale. Le premier, *le modèle républicain à la française*, suppose une conception holistique de l'intégration, selon laquelle l'identité nationale exclut tout autre type d'identité politique.[194] La nation devient ainsi un espace publique et neutre, où l'identité collective est la somme différentielle des identités individuelles. C'est justement parce que la nation est neutre par rapport à ses citoyens qu'elle n'entend pas permettre la manifestation publique des autres formes d'expression des identités collectives que l'expression de l'identité nationale.

Dans sa variante radicale et jacobine de ce modèle, l'espace territorial, temporel et symbolique de la nation est occupé exclusivement par celle-ci. Le territoire est administré d'une manière centralisée et homogène : toutes les divisions territoriales antérieures à la nation sont supprimés, tandis que le territoire est segmenté en unités dont les appellations sont généralement liées aux formes de relief géographiques et surtout pas à l'histoire pré-nationale de ce celle-ci. Le temps devient, par excellence, le « temps de la nation » ; il commence de « l'Année I », l'année de la révolution nationale. Les jacobins ont opéré ainsi une césure totale avec le temps prérévolutionnaire. L'espace symbolique est marqué par l'interruption de toute autre forme de pratique culturelle et religieuse pré-nationale : le corps de la nation « vit » par ses propres représentations (hymne, étendard, armoiries), par ses propres symboles culturels et politiques (Marianne, la République, *la Nation*, la Patrie), par ses propres aspirations politiques (liberté-

---

[194] Pour une description analytique de ce modèle, v. Pierre-André TAGUIEFF, *La République enlisée. Pluralisme, « communautarisme », citoyenneté*, Paris, Edition de Syrtes, 2005, pp. 5 et suivantes.

égalité-fraternité), par sa propre religion (le culte de l'Etre Suprême).

L'influence de cette variante en Europe ne doit pas être négligée ; elle a fait rêver les révolutionnaires radicaux tout au long du XIXe siècle et dans la première partie du XXe. Même si ses soutiens n'ont eu qu'une brève expérience aux commandes de la France, des diverses idées et stratégies appartenant à cette version du modèle républicain ont été rafraîchies, multipliées et exportées.

L'échec de cette variante radicale n'a pas été principalement dû aux excès du Régime de la Terreur, mais au fait qu'il faisait de la communauté identitaire une entité abstraite (comme la communauté globale, soutenue par les cosmopolitistes), détachée de tout enracinement préalable de l'individu, ce denier étant à son tour jeté dans un espace utopique et incréé. *La théorie de la nation comme communauté identitaire-politique trouve ainsi une certification empirique dans l'invalidation historique du modèle jacobin.* C'est justement parce que la nation représente une communauté identitaire, sédimentée à travers l'accumulation progressive des expériences communes, ou, autrement dit, à travers la constitution temporelle d'un *habitus* collectif, qu'on ne peut pas réduire la nation au statut de projet politique. La nation n'est donc pas *projective* que par son statut d'entité autonome du point de vue politique, c'est-à-dire par sa capacité d'assumer son propre destin et de décider ainsi son avenir. Elle est, par contre, *réactive* du point de vue identitaire, puisqu'elle est la dépositaire d'un *habitus* dont les mécanismes cachés prolongent ses effets présents et futurs.

Dans la variante qui s'est imposée, le modèle républicain a eu la capacité de recréer la communauté identitaire à un échelon national, en subtilisant à l'individu les limitations imposées par d'autres communautés pour le projeter dans une communauté plus large – la nation. Paradoxalement, même si ce modèle a été importé avec une admirable assiduité politique, son application n'a connu un succès plénier nulle part ailleurs excepté la France.[195] Cette unicité, due notamment aux conditions politico-historiques particulières, est même exaltée par certains chercheurs, tel Paul Sabourin :

> « [...] il y a, sans doute, une *exception française*, qui traduit ce compromis exceptionnel que la République a réalisé entre la nécessité de l'Etat et la liberté de l'individu ».[196]

Le second modèle est le modèle *décentralisé*. La différence par rapport au modèle républicain consiste, en tout premier, dans l'absence d'homogénéité de ce deuxième modèle. Si les paramètres du premier modèle sont facilement identifiables et définissables, ceux du second sont moins évidents. Généralement, le modèle décentralisé a résulté des compromis historiques entre, d'un côté, la nécessité de mettre en place une communauté politique et, de l'autre côté, les prétentions des communautés identitaires d'acquérir ou de garder leur autonomie. Le compromis entre ces deux tendances opposées a donné naissance à des nations (selon notre définition), puisque la communauté politique qui a résulté du processus de fusion a été capable d'homogénéiser plus ou moins les communautés identitaires

---

[195] Par exemple, la Grèce a importé ce modèle sous la forme d'un « républicanisme » centraliste, doublé par un nationalisme orthodoxiste et ethniciste. V. Anna TRIANDAFYLLIDOU, *When is Nation? A Theoretical and Empirical Enquiry,* International Students Association Conference, Los Angeles, California, March 2000.
[196] Paul SABOURIN, *L'Etat-nation face aux Europes*, Paris, Presses Universitaires de France, 1994, p. 62.

et de réduire leur appétit pout l'autonomie politique. De l'autre côté, même s'il s'agit d'un modèle national, le modèle décentralisé est loin d'être similaire au modèle républicain, puisque le corps de la nation entretien des relations autant avec les entités qui la forment qu'avec les individus qui en font partie ; il y a donc un double rapport de l'individu – à la communauté identitaire nationale et aux communautés locales ou régionales. La figure ci-dessous surprend les différences entre les deux modèles :

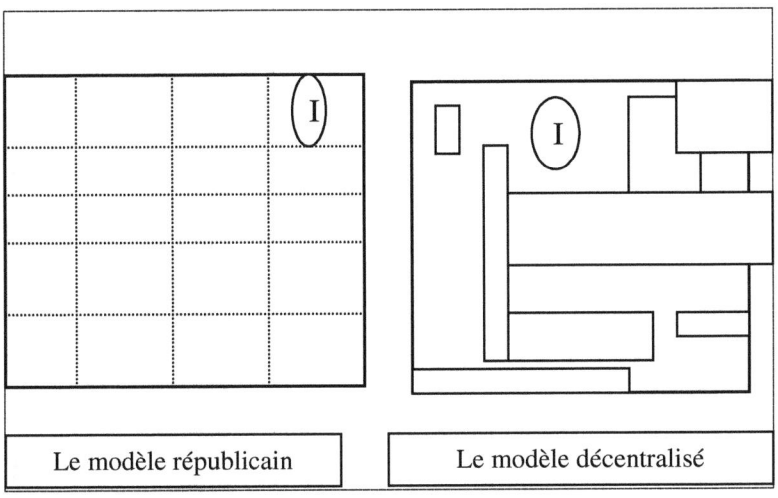

Fig. n° 9. Les deux modèles d'intégration nationale. L'ovale représente l'individu. Les lignes ponctuées du schéma à gauche représentent les divisions territoriales uniformes et historiquement aléatoires du modèle républicain. Les rectangles du deuxième schéma représentent les entités territoriales-identitaires, non-uniformes, qui correspondent à l'évolution historique (dans le cas modèle décentralisé).

Le modèle décentralisé correspond surtout aux deux nations qui ont obtenu leur indépendance et leur unité étatique dans la seconde moitié du XIXe siècle – la nation italienne et la nation allemande. Quoique les différences historiques entre les trajets des deux processus d'unification et les formules de gouvernance choisies soient importantes, les deux appartiennent à ce modèle général qui a à la base la réalisation d'un compromis politico-identitaire, d'un côté, entre les entités territoriales qui composent les deux nations et, de l'autre, entre les communautés politiques qui ont assuré l'*agence* de l'unification et les communautés identitaires, munies d'un patrimoine commun que nous avons appelé ici *habitus collectif.*

Dans les deux cas, l'équilibre réalisé entre les pressions centripètes, qui venaient de la part d'une communauté politique nationale dont l'objectif primordial était l'édification de l'Etat national, et les pressions centrifuges, venues de la part des élites locales et régionales désireuses de maintenir le contrôle sur les communautés identitaires, a été, à long terme, l'unique variante qui a permis le maintien de l'unité étatique.

Dans ce contexte, le *rôle joué par les facteurs identitaires nationaux et les facteurs régionaux ou locaux dans l'assemblage de la communauté politique* a un apport important à la vérification de la validité de nos propos théoriques. En fait, si l'identité nationale est compatible avec l'identité régionale et locale et la communauté politico-identitaire principale reste la communauté nationale, alors notre théorie est empiriquement validée. Si, au contraire, les communautés identitaires régionales ou locales deviennent systématiquement elles-mêmes des communautés politico-identitaires autonomes (qu'elles opèrent ou non des sécessions territoriales), alors notre théorie est infirmée.

Dans les deux cas – allemand et italien – le processus d'unification territoriale a eu lieu suite à des conflits politico-militaires. Vu les similarités entre les deux cas et les limitations que nous nous sommes proposées dans cet ouvrage, nous allons traiter seulement *le cas italien*. Dans le cas italien, la volonté des élites des communautés locales et notamment des communautés régionales a décisivement pesé sur le compromis politico-identitaire. En 1815, l'Italie se trouvait largement sous contrôle autrichien, soit directement, à travers le Royaume de la Lombardie et de Venise, rattaché à la couronne habsbourgeoise, soit indirectement, par un système d'alliances linéaires : le Grand Duché de Toscane et les Duchés de Modène et de Parme. Puis, l'Autriche exerçait un contrôle indirect sur le Royaume de Naples, qui appartenait aux Bourbons, sur l'Etat papal, dont elle garantissait l'intégrité, et sur le Royaume de Sardaigne, auquel Gênes était rattachée. Ce dernier royaume présentait, toute de même, en vertu de sa position, un intérêt de nature géopolitique pour la France, l'Angleterre et l'Espagne ; cet intérêt allait lui permettre de s'autonomiser progressivement face à l'Empire et de gérer le projet de libération et d'unification sous la couronne du Roi Victor Emmanuel.

Etant donné cette division profonde de la péninsule, les débats qui ont eu lieu durant le processus d'unification ont fait que le sort du projet national ait dépendu de la capacité de compromis de chaque partie. Si après l'échec politique des mouvements désorganisés des Charbonniers (en 1830 et 1848), il était devenu clair que seule l'action unificatrice de l'une des entités – respectivement, du Royaume de Sardaigne – fût capable de gérer ce processus, le débat sur la formule d'organisation du futur Etat restait largement ouvert. Ainsi, les adeptes de l'Italie unitaire, dirigés par

Giuseppe Mazzini[197] et par les frères Spaventa, considéraient que le modèle républicain devrait être implémenté dans le futur Etat italien, avec quelques adaptations mineures.[198] Au début, les partisans de ce modèle n'étaient pas disposés d'accepter le fait que les différences fondamentales entre les niveaux d'agrégation de la communauté identitaire italienne et française ou la multipolarité politico-culturelle de l'Italie (l'existence des centres concurrents ayant des influences sensiblement égales – Rome, Naples, Milan, Venise, Florence, Bologne ou Parme) aurait pu rendre le modèle unitaire à la française inapplicable dans la péninsule. La variante « républicaine » était concurrencée par un modèle fédéraliste, soutenu par la plupart des élites régionales qui exerçaient des fonctions publiques et qui voulaient que leur influence augmente ; parmi les adeptes de ce dernier courant, il y avait notamment Cattaneo et Pisacane.[199] Cette variante visait la mise en place d'une fédération des régions quasi-autonomes – en fait, d'un Commonwealth italien – où chaque communauté identitaire régionale aurait développé ses propres caractéristiques. Une variante plus avancée de ce projet, proposée par Giobert, prévoyait la constitution d'une confédération italienne, que les membres pourraient quitter,

---

[197] V. Giuseppe MAZZINI, *Opere*, vol. 2, Milano, Rizzoli, 1967.
[198] Pour les projets concurrents concernant l'unification de l'Italie, v. Gilda MANAGANARO FAVORETTO, « De l'idée de nation au moment de la formation de l'Etat italien » in *Nation et République. Les éléments d'un débat*, Actes du colloque de Dijon (6-7 avril 1994) de l'Association française des historiens des idées politiques, Marseille, Presses Universitaires d'Aix-Marseille, 1995.
[199] Pour une analyse des modèles federalistes italien, v., entre autres, Giuseppe FERRARI, *Alle origine del federalismo italiano*, Bari, Dedalo, 1996; Tania GROPPI, *Il federalismo*, Roma. Bari, Ed. Laterza, 2004 ; Achille CHIAPPETTI, *Il rebus del "federalismo all' italiana"*, Torino, Giappichelli, 2004 ; Ettore ROTELLI, *L'eclissi del federalismo. Da Cattaneo al partito d'azione*, Bologna, Il Mulino, 2003.

dans la mesure où leur autonomie n'était plus respectée.[200] Giobert reposait son argument concernant la latitude que les Etats composants auraient dû avoir à l'égard de leurs relations avec la confédération sur les différences identitaires entre les communautés confédérées. Une partie de l'Eglise catholique avait une position pareille ; tel est le cas, par exemple, du père Gioacchino Ventura, qui soutenait l'idée d'un Etat italien fédéral sous la direction de la Papauté. Enfin, une troisième variante était celle d'un compromis relatif entre les deux premières. Ayant une orientation proche de la *Rivista dei comuni italiani*, animée, entre autres, par Farini, Minghetti et Regnault, cette variante favorisait le renforcement du localisme, comme remède contre les deux tendances opposées – l'intégration nationale exacerbée et la différenciation illimitée à travers le confédéralisme.

Les évolutions d'après l'unification n'ont respecté aucune de ces propositions. Pour étendre son influence au niveau du pays tout entier, les élites du Royaume sarde ont imposé les institutions insulaires, ultra-centralisées et pyramidales. A partir de 1870, les mécontentements face aux actions homogénéisatrices menées par le nouveau régime ont déterminé, à long terme, une poussée du nationalisme et l'appétit pout les politiques radicales, qui ont culminé avec la prise du pouvoir par les fascistes.

La variante pour laquelle les Italiens ont initialement et théoriquement opté, mais qu'ils ont mise en œuvre, vu les circonstances, seulement soixante ans plus tard, a été le compromis des compromis. Après la Deuxième Guerre mondiale, cette variante a justement attesté la préoccupation que nous avions mentionnée ci-dessus : réaliser et maintenir un équilibre précieux entre les tendances à la centralisation

---

[200] Vincenzo GIOBERT, *Del primate morale e civile degli Italiani*, Padova, 1882, Bibliothèque Nationale de France.

et à la régionalisation. C'est justement parce que le processus théorique que nous avons décrit – *le greffage de l'agence institutionnelle sur l'habitus identitaire* – a bien fonctionné, que la communauté identitaire nationale, formée sur la base du compromis historique, a été capable d'intégrer les éléments locaux et régionaux et de les rendre compatibles avec l'héritage national. L'interaction entre les niveaux local, régional et national a été, dans le cas italien, de nature à déterminer la formation d'une communauté identitaire nationale, qui a extrait son unité de l'équilibre entre les identifications locales et régionales. Autrement dit, même si la construction d'une communauté nationale a inclus des moments de tension, elle a eu du succès justement parce qu'elle a réussi à fédérer et recomposer les identifications particulières.

Nous pouvons étendre maintenant nos considérations à l'ensemble des cas qu'il est possible d'inclure dans ce modèle. Il devient évident que le dépassement par l'individu de l'espace local n'implique pas automatiquement et impérativement la dissolution de celui-ci ; le dépassement peut consister plutôt dans son extension et dans son approfondissement. Comme Confino et Skaria nous expliquent,

> « La logique du dépassement ne rejette pas et ne déconsidère pas le local. Plutôt, elle [cette logique] affirme la centralité du local. En même temps, elle se concentre sur la modalité dont le local est transposé à des niveaux plus hauts de généralité et d'abstraction.[201]

---

[201] « The logic of transcendence does not reject or disregard the local. Rather, it affirms the centrality of the local. At the same time, the focus is on how the local is historically transcended on higher levels of generality and abstraction », Alon CONFINO, Ajay SKARIA, "Viewed

C'est bien la raison pour laquelle nous avons appelé ce modèle « décentralisé » : dans son cadre, la diversité des organisations et, notamment, la variété des identifications locales et régionales sont non seulement acceptées par la communauté nationale, mais aussi captées, arborées et fétichisées, de sorte que l'identité nationale devienne elle-même la détentrice légitime de ces caractéristiques locales et régionales. Les communautés identitaires locales et régionales restent une partie de la nation justement parce qu'elles sont « persuadées » qu'elles maintiendront leur statut identitaire, certes, dans la plupart des cas suite à des « promesses » non-honorées à long terme. C'est pourquoi, dans le cadre de ce modèle, le local et le régional s'avèrent indispensables au parachèvement de la communauté identitaire nationale.

Nous pouvons métaphoriquement dire qu'à travers l'homogénéisation du temps historique, les communautés identitaires locales et régionales, qui avaient connu jusque-là des évolutions temporairement différentes, deviennent conscientes du fait qu'elles vivaient en même temps et commencent à régler leurs horloges à l'heure de la nation. Elles prêtent à la communauté nationale l'*habitus* ethnique, local ou régional, pour bénéficier à travers le transfert d'*agence* des garanties offertes par la communauté politique. Elles deviennent des parties de la nation, puisque la nation paraît leur promettre l'intégration politique sans la dissolution identitaire.

La théorie de la nation en tant que communauté identitaire autonome du point de vue politique est validée autant par l'existence du modèle d'intégration républicain

---

from the Locality: The Local, National and Global" in *National Identities*, vol. 4, n° 1, 2002, p. 6.

que par l'émergence du modèle décentralisé. Le premier met en évidence l'existence d'une seule communauté identitaire-politique et la cristallisation de l'Etat et de ses institutions autour du projet d'homogénéiser et de viabiliser les structures communautaires, sous la forme de la nation. Le second reflète l'existence de plusieurs communautés identitaires ayant des aspirations politiques et le processus d'agrégation de la nation suite à un compromis politico-identitaire entre celles-ci. Conformément aux deux modèles, la nation reste la communauté identitaire primordiale, puisque, suite à l'action de l'Etat, les individus s'identifient avec la nation d'une manière quasi-exclusive (dans le cas du modèle républicain) ou prioritaire (dans le cas du modèle décentralisé).

***

Dans la deuxième partie, nous avons essayé d'énoncer et d'argumenter une théorie politico-identitaire de la formation des premières nations européennes. L'énonciation a consisté, en fait, dans la formulation d'une définition, tandis que l'argumentation a visé la démonstration de la capacité de cette définition d'être en correspondance avec un sens historique concret. En ayant comme point de départ la sphère de l'individuel, nous avons développé, à travers une série de concepts d'inspiration structuraliste, post-structuraliste et socioconstructiviste – dont l'habitus, les connaissances partagées et l'agence – une explication de la façon dont les communautés identitaires des sociétés archaïques, traditionnelles et modernes se sont structurées. Nous avons démontré que, dans cette dernière phase, les changements qui ont eu lieu au niveau des sociétés ont permis la constitution des prémisses de l'accès à un « saut » historique à un autre niveau de l'identité collective, voire le niveau national. Nous nous sommes concentré sur ces prémisses-ci et sur les processus de modifications de l'équilibre sociopolitique qui ont eu lieu au XVIe siècle, car, comme Jean-Yves Guiomar le montre bien,

> « A partir du XVIe siècle, la société cesse d'être une société aristotélicienne, où chacun a sa place précise et devient une société fondée sur les relations entre les individus ».[202]

Nous avons restructuré un modèle de transformation sociopolitique appartenant à Stein Rokkan pour souligner les modifications qui ont eu lieu dans les rapports entre les divers acteurs impliqués dans le processus de construction nationale. Ce modèle nous a permis d'évaluer le niveau du processus d'agrégation des identités nationales et de conclure que l'Angleterre et la France, suivies par les Provinces Unies et l'Espagne, se trouvaient au degré le plus avancé de ce processus, vers 1650. Vu ce constat, nous avons examiné les deux premiers cas et nous avons identifié les modalités à travers lesquels, suite à l'action des acteurs politiques et identitaires, *la communauté identitaire a fusionné avec la communauté politique*. Une fois ces modalités établies, nous avons étudié les relations entre l'Etat et la communauté identitaire. Cette étude a eu lieu sur deux plans : sur le plan de l'action identitaire-institutionnelle, nous avons succinctement analysé les relations entre les communautés identitaires et les trois institutions avec un rôle essentiel dans la « nationalisation » – l'église,

---

[202] Jean-Yves GUIOMAR, *op. cit.*, p. 55.

l'armée et l'école ; au niveau de l'action identitaire-territoriale, nous avons identifié les deux modèles – républicain à la française et décentralisé à l'italienne ou à l'allemande – différenciés par les rapports entre l'Etat, les communautés et les individus. Nous avons opéré ainsi une sommaire vérification empirique de notre définition, tout en constatant la compatibilité de celle-ci avec le modelage proposé.

La théorie de la nation comme identité collective intègre donc la communauté nationale dans une évolution historico-sociale des communautés humaines. Elle reflète l'essor des formes d'agrégation socio-identitaire et des modèles d'organisation sociopolitique et démontre que, compte tenu de la légitimation des dernières par rapport aux premières, l'histoire nous a dirigé, d'une manière inhérente, vers la mise en place d'une formule qui ait permis la fusion des communautés politiques et identitaires. Cette formule s'est appelée *nation*, puisqu'elle a marqué la coïncidence d'une forme d'organisation politique qui assurait le passage à la modernité – l'Etat souverain – avec une formule d'agrégation identitaire arrivée à l'étape ethnique. Il est difficile d'apprécier quelle aurait été l'évolution des formes d'organisation politique ou des communautés identitaires si la fusion politico-identitaire avait trouvé l'évolution de l'organisation à une étape autre que celle de l'Etat souverain ou si elle s'était produite bien avant ou après le passage des communautés identitaires à la phase ethnique. Une telle démarche serait risquée et ne pourrait faire que l'objet d'une série de spéculations.

CONCLUSIONS

Dans ce livre, nous avons essayé de démontrer que, malgré leur complexité et leurs dimensions apparemment ambigües, les premières nations européennes peuvent être définies comme des communautés identitaires politiquement autonomes. Notre objectif principal a été d'argumenter le bien-fondé de cette définition et de montrer que, dans cette acceptation, le concept de nation s'est individualisé par rapport à d'autres concepts, comme peuple, ethnie, population, Etat, société ou communauté. L'argumentation de cette définition a été, en fait, une démarche de théorisation, au sens où

> « Une théorie représente un appareil intellectuel simplifié, appliqué à un certain cadre scientifique, qui nous permet de séparer ce qui est important de ce qui ne l'est pas ».[203]

Notre démarche théorique doit être entendue conformément à cette interprétation du concept de théorie. Elle a consisté, avant tout, dans l'effort de séparer les éléments importants des éléments sans relevance, de sorte que l'objet de recherche soit défini d'une manière précise. En montrant que la nation se trouve au carrefour de la communauté identitaire et de la communauté politique, nous avons décrit la genèse de la nation comme le produit du processus d'évolution historique des deux types de communautés jusqu'au moment de leur fusion. Nous avons ajouté le fait que l'élément supplémentaire qui définit la

---

[203] Steve SMITH, John BAYLIS, "Introduction" in *The Globalization of World Politics, op. cit.*, p. 5.

nation est l'autonomie de la communauté politico-identitaire, autonomie entendue comme l'émergence d'un double rapport : un rapport d'identification avec les éléments qui lui sont propres et un rapport d'autodétermination par la représentation et l'expression politique face à l'extérieur.

Une théorie explicative de la nation doit nécessairement être interdisciplinaire. Notre démarche pourrait s'encadrer plutôt dans la sous-discipline – assez contestée – de la sociologie de l'histoire, au cas où nous la regardons du point de vue de l'analyse identitaire ; ou bien elle pourrait être considérée comme appartenant à la science politique appliquée à l'histoire, si nous retenons surtout la partie dédiée à la communauté politique et à l'Etat. Lorsque nous réunissons les deux perspectives, notre démarche est plus proche de la philosophie politique et de la philosophie de l'histoire, puisqu'elle repose sur ce que François Furet appelait les « contextes d'accumulation des causes », capables de produire des modifications fondamentales sur les individus et la société.[204]

L'un des principaux inconvénients de cet ouvrage est naturellement lié au cadre chronologique de notre théorie. Dans la première partie, nous nous sommes concentré sur l'analyse des théories de la nation afin de proposer, dans la deuxième partie, une théorisation constructiviste de la formation des premières nations européennes. Nous avons expliqué seulement d'une manière sommaire l'impact du nationalisme sur la consolidation des cadres nationaux et, notamment, nous n'avons pas analysé les influences des dérives extrémistes de droite et de gauche sur la configuration du cadre national. Autrement dit, nous nous sommes occupé uniquement de ce qui paraît être le

---

[204] V. François FURET (dir.), *L'héritage de la Révolution française*, Paris, Hachette, 1989.

« commencement » des nations. Cette approche s'explique par notre intention de réaliser une théorie et non pas une histoire de la nation. En poursuivant cette intention, nous avons essayé d'opérer une « accolade à travers le temps », entre le moment de l'agglutination des futurs composants de la nation et le moment de la construction proprement dite de celle-ci, en mettant en évidence les mécanismes sociopolitiques de ce processus.

En dépit de l'usage des éléments théoriques interdisciplinaires, un autre inconvénient de cette démarche a été notre « emplacement » dans un cadre théorique qui a imposé l'utilisation de la causalité historique comme mécanisme explicatif de la genèse de la communauté identitaire et, surtout, de la formation de la communauté politique. Ce composant causal a souffert de la « maladie » principale dont souffrent toutes les démarches historicisantes, soulignée par Raymond Aron :

> « La contradiction apparente d'une causalité historique tient à l'impossibilité de distinguer, autrement que par la répétition, entre une succession contingente et une relation nécessaire ».[205]

Nous avons essayé de transformer cet inconvénient lié au placement dans un cadre causal dans un avantage, au sens où l'observation ci-dessus nous a permis de nous priver du cadre chronologique qui nous aurait imposé d'analyser tous les processus qui ont affecté la nation. Puisque la causalité historique nous oblige apparemment d'avoir une démarche répétitive afin de valider un argument, il aurait été impossible de valider de cette manière les hypothèses de notre définition, car il aurait été nécessaire d'étudier

---

[205] Raymond ARON, *op. cit.*, p. 201.

empiriquement tous les phénomènes et tous les processus par lesquels la nation est passée. Ainsi, le second inconvénient signalé ici suspend, en fait, le premier. Concernant le deuxième inconvénient, il faut mentionner que, dans le cas de cette théorisation, l'établissement d'une relation de nécessité entre divers processus et événements a été réalisé à un niveau apriorique et intuitif et que l'argumentation et l'exemplification ont suivi seulement dans une deuxième étape. Nous revendiquons ouvertement la thèse selon laquelle la théorie de la nation comme communauté identitaire-politique autonome n'est pas falsifiable dans son ensemble, au sens poppérien du terme.

Selon notre théorisation, la nation émerge comme une formation sociale apparue dans le contexte spécifique du passage de la pré-modernité à la modernité, en Europe occidentale. Nous sommes obligé de mentionner le troisième inconvénient de la théorie que nous proposons ici. Il s'agit de la portée limitée de notre théorisation, qui est restreinte géographiquement et temporairement à l'Europe occidentale au moment de la formation des premières communautés de ce type. Cet inconvénient paraît d'autant plus important que nous observons, avec Francis Fukuyama, que les modèles alternatifs de type *nation-building* ne correspondent que partiellement à la théorie que nous avons formulée ici.[206] Devant cet inconvénient, nous devons mentionner ici le fait que notre théorisation permet quand même l'ouverture vers des formes et des méthodes de modelage variées, qui puissent s'adapter aux cadres historiques qui feront l'objet d'une série d'autres recherches.

De l'autre côté, le sens limité de notre définition de la nation fait en sort qu'une grande partie des mouvements apparemment nationaux, encadrés par certains chercheurs dans le processus de *nation-building*, soient en fait des

---

[206] V. Francis FUKUYAMA, *State Building. Souveraineté et ordre du monde au XXIe siècle,* Paris, La Table Ronde, 2005.

mouvements politiques dirigés par certains groupes élitaires qui s'encadrent plutôt dans le processus de *state-building*. Cela ne signifie guère que la définition que nous proposons exclut la possibilité d'avoir des nations dans d'autres régions que l'Europe occidentale ; l'existence des nations assez compatibles avec notre définition en Europe de l'Est, en Amérique du Nord et du Sud et, dans une moindre mesure, en Afrique et en Asie, prouve le haut degré de généralité de notre définition. Par contre, fait est que tout processus de construction étatique, qu'il soit basé sur des critères ethno-territoriaux ou non, ne représente pas nécessairement un processus de construction nationale. Dans les termes de notre théorisation, on avait besoin d'une communauté identitaire consciente qui agît politiquement par ses représentants et qui se constituât, à travers cette action, dans une communauté politique autonome. La détermination de la distance entre la forme connue par les diverses communautés des Etats de la planète et la forme de la nation indiquée par notre théorie représente un processus compliqué, qui pourrait faire l'objet des recherches ultérieures.

***

Nos démarches ne s'arrêteront pas ici. Une validation empirique extensive des fondements de la théorisation proposée dans cet ouvrage ne pourra pas éviter la confrontation de cette théorisation avec les phénomènes contemporains qui affectent les nations européennes – mondialisation, régionalisation, européanisation, communautarisation. Par l'étude de la capacité de la démarche théorique socioconstructiviste d'expliquer les effets de ces phénomènes sur la nation, nous aurons la possibilité de tester la validité et la relevance à travers le temps et l'espace du cadre théorique présenté ici. Les travaux futurs seront en mesure d'apprécier l'applicabilité de la théorisation que nous avons proposée ici dans l'étude des phénomènes contemporains les plus importants qui affectent la communauté nationale.

BIBLIOGRAPHIE

I. Livres et chapitres des livres

1. AGAMBEN, Georgio, *Moyen sans fins. Notes sur la politique*, Paris, Editions Payot et Rivages, Rivages Poche, 1995
2. AGAMBEN, Georgio, *Homo Sacer. Le pouvoir souverain et la vie nue*, Paris, Seuil, 1997
3. AKZIN, Benjamin, *State and Nation*, London, Verso, 1964
4. ALUNNO, Franco, *L'Europa delle regioni*, Torino, EDA, 1980
5. ALMOND, Gabriel, "Introduction: A Functional Approach to Comparative Politics" in ALMOND, Gabriel, COLEMAN, James S. (eds.), *The Politics of the Developing Areas*, Princeton, Princeton University Press, 1960
6. AMALVI, Christian, *De l'art et de la manière d'accommoder les héros de l'histoire de la France : essai de mythologie nationale*, Paris, Albin Michel, 1988
7. ANDERSON, Bennedict, *Imagined Communities. Reflections on the Origins and Spread of Nationalism*, London, Verso, 1983
8. ANSART, Pierre, DAYAN-HERZBRUN, *Le sentiment national*, Paris, l'Harmattan, 1997
9. APPADURAI, Arjun, *Modernity at Large: Cultural Dimensions of Globalization*, Minneapolis, University of Minnesota Press, 1996
10. APPLEGATE, Celia, *A Nation of Provincials. The German Idea of Heimat*, Berkeley, University Press, 1990

11. ARMSTRONG, John A., *Nations before Nationalism*, Chapel Hill, University of Northern Carolina Press, 1982
12. ARON, Raymond, *Introduction à la philosophie de l'histoire. Essai sur les limites de l'objectivité historique*, Paris, Gallimard, 1986
13. BALAKRISHNAN, G. (ed.), *Mapping the Nation*, London, Verso, 1996
14. BALANDIER, Georges, *Anthropologie politique*, Paris, Quadrige/Presses Universitaires de France, 1991
15. BALIBAR, Etienne, WALLERSTEIN, Emmanuel, *Race, nation, classe. Les identités ambigues*, Paris, La Décoverte, 1988
16. BATES, Robert (et al.), *Analytical Narratives*, Princeton, University Press, 1998
17. BAUER, Otto, La question des nationalités et la social-democratie, Paris, Pléiade, vol. I, 1985
18. BEAUD, Michel, *Le Système National-Mondial Hiérarchisé*, Paris, Agalma. La Découverte, 2002
19. BEAUNE, Colette, *Naissance de la nation France*, Paris, Galimard, 1985
20. BENOIST-MECHIN, Jacques, *Histoire de l'armée allemande*, Paris, Robert Laffont, 1984
21. BERQUE, Jacques, "Identité" in Laurent Sfez, *Dictionnaire critique de la communication, Paris*, Presses Universitaires de France, vol. I, 1993
22. BIHR, Alain, *Le crépuscule des Etats-nations. Transnationalisations et crispations nationalistes*, Lausanne, Ed. Page Deux, 2000
23. BIRNBAUM, Pierre, *Sociologie des nationalismes*, Paris, Presses Universitaires de France, 1997
24. BLAS GUERREO, A. de, *Nacionalismos y naciones en Europa*, Madrid, Alianza, 1994
25. BLOCH, Marc, *La société féodale*, Paris, Albin Michel, 1968

26. BOBBIO, Norberto, *Libéralisme et démocratie*, Paris, Cerf, 1996
27. BOCSAN Nicolae, LUMPERDEAN, Ioan, POP, Ioan-Aurel, *Ethnie et confession en Transylvanie (du XIIIe au XIXe siècles)*, Cluj-Napoca, Centre d'Etudes Transylvaniennes, 1996
28. BOUDON, Raymond, *L'idéologie ou l'origine des idées reçues*, Paris, Fayard, 1986
29. BOUDON, Raymond, *Efecte perverse şi ordine socială*, Bucureşti, Eurosong & Book, 1996
30. BOUDREAU, Claire, FIANU, Kouky, GAUVARD, Claude, HEBERT, Michel (dir.), *Information et société en Occident à la fin du Moyen Age*, Presses de la Sorbonne, 2004
31. BOURDIEU, Pierre, *Le sens pratique*, Paris, Minuit, 1980
32. BRASS, Paul, *Ethnicity and Nationalism, Theory and Comparaison*, New Delhi, Sage Publications, 1991
33. BRAUDEL, Fernand, *La Méditerranée*, vol. 1, Paris, Colin, 1966
34. BRAUDEL, Fernand, *L'identité de la France*, vol. II, *Les hommes et les choses*, Pars, Flammarion, 1990
35. BREULLY, John J., *Nationalism and the State*, 2nd ed., Manchester. Chicago, Manchester University Press. Chicago University Press, 1993
36. BREWER, Marylinn, MILLER, Norman (eds.), *Intergroup Relations*, New York, Brooks and Cole, 1996
37. BROWN, Colin, *A short history of Indonesia: the unlikely nation?*, London, Allar & Unin, 2004
38. BROWN, Chris (ed.), *Political Restructuring in European Ethical Perspectives,* London, 1994
39. BRUBAKER, Rogers, *Citoyenneté et nationalité en France et en Allemagne*, Paris, Belin, 1977

40. BRUBAKER, Rogers, *Nationalism reframed. Nationhood and the National Question in the New Europe*, Cambridge: Cambridge University Press, 1996
41. BRUCKNER, Pascal, *Le Vertige de Babel. Cosmopolitisme ou mondialisme*, Paris, Arléa, 1994
42. CAHEN, Michel, *Ethnicité politique. Pour une lecture réaliste de l'identité*, Paris, l'Harmattan, 1994
43. CANIVEZ, Patrice, *Qu'est-ce qu'une nation?*, Paris, Vrin, coll. Chemins philosophiques, 2004
44. CANNETTI, Elias, *Masses et puissance*, Paris, Gallimard, 1966
45. CASSIRER, Ernst, *Le mythe de l'Etat*, Paris, Gallimard, 1993
46. CHIAPPETTI, Achille, *Il rebus del "federalismo all' italiana"*, Torino, Giappichelli, 2004
47. COLAS, Dominique, "L'Etat avant l'Etat", "L'Etat-nation" in Dominique Colas (dir.), *Sociologie politique,* Paris, Presses Universitaires de France, 1994
48. COLAS, Dominique et al. (dir.), *Citoyenneté et nationalité. Perspectives en France et au Québec*, Paris, Presses Universitaires de France, 1991
49. CONFINO, Alon, The Nation as a Local Metaphore: Würtemberg, Imperial Germany, and National Memory 1871-1918, London, Chapel Hill, 1997
50. CONNOR, Walker, *The National Question in Marxist-Leninist Theory and Strategy*, Princeton, University Press, 1984
51. CONNOR, Walker, *Ethnonationalism. The Quest for Understanding*, Princeton, University Press, 1994
52. CONNOR, Walker, "Beyond Reason: The Nature of Ethnonational Bond" in Michael O. HUGHEY (ed.), *New Tribalisms. The Resurgence of Race and Ethnicity*, Oxford, Blackwell, 1998

53. CONSTANT, Jean-Marie, *Naissance des Etats modernes*, Paris, Belin, 2002
54. CORDELIER, Serge, POISSON, Elizabeth (dir.), *Nations et nationalismes*, Paris, La Découverte, 1995
55. CRICK, B. (ed.), *National Identities*, Oxford, Blackwell, 1991
56. CRONIN, Bruce, *Community under Anarchy: Transnational Identity and the Evolution of Cooperation*, Columbia University Press, 1998
57. DANIEL, Jean, *Voyage au bout de la nation*, Paris, Seuil, 1995
58. DEBRAY, Régis, *Le code et la glaive. Après l'Europe, la nation?*, Paris, Albin Michel. Fondation Marc Bloch, 1999
59. DELANNOI, Gil, *Sociologie de la nation. Fondements théoriques et expériences historiques*, Paris, Armand Colin, 1999
60. DELANNOI, Gil, TAGUIEFF, Pierre-André, *Théories du nationalisme. Nation, nationalité, ethnicité*, Paris, Kimé, 1991
61. DELSOL, Chantal, MASLOWSKI, Michel, *Histoire des idées politiques de l'Europe centrale*, Paris, Presses Universitaires de France, 1998
62. DE MUNCK, Jean, « Les minorités en Europe » in LENOBLE, J., DEWANDRE, N. (eds.), *L'Europe au soir du siècle*, Bruxelles, Esprit, 1992
63. DE VOOGD, Christophe, *Histoire des Pays-Bas*, Paris, Hâtier, 1992
64. DESBROUSSE, Hélène, PELOILLE, Bernard, RAULET, Gérard, *Le Peuple. Figures et concepts. Entre identité et souveraineté*, Paris, Ed. F.-X. Guibert, 2003
65. DEUTSCH, Karl, *Nationalism and Social Communication. An Inquiry into the Foundation of*

Nationality, Cambridge, Mass. London, MIT Press, 1969
66. DEUTSCH, Karl, "Nationalism and Its Alternatives" in *Nationalism and its Development: An Interdisciplinary Bibliography*, Cambridge, Mass. London, MIT Press 1970
67. DEUTSCH, Karl, *The Nation Building*, London, Macmillan, 1992
68. DIECKOFF, Alain, *La nation dans tous ses états. Les identités nationales en mouvement*, Paris, Flammarion, 2000
69. DIECKOFF, Alain (dir.), *La constellation des appartenances. Nationalisme, bipolarisme et pluralisme*, Paris, Presses de Sciences Po, 2004
70. DROZ, Jacques, « Concept français et concept allemand sur l'idée de nationalité » in XXX, *Europa und der Nationalismus,* Baden-Baden, 1950.
71. DRUON, Maurice, *Œuvres complètes. Les Rois maudits*, Genève, Edito-Service, 1972
72. DUBAR, Claude, *La crise des identités. L'interprétation d'une mutation,* Paris, Presses Universitaires de France, 2000
73. DUMONT, Jean, *L' « Heure de Dieu » sur le Nouveau Monde*, Paris, Fleurus, 1991
74. DUMONT, Louis, Essai sur l'individualisme. Une perspective anthropologique sur l'idéologie moderne, Paris, Seuil, 1983
75. DURKHEIM, Emile, *De la division sociale du travail*, Bordeaux, Table de Nuit, 1958
76. DURKHEIM, Emile, *Textes*, vol. 2, Paris, Minuit, 2000
77. ELIAS, Norbert, *La société des individus*, Paris, Fayard, 1991
78. EMERSON, Rupert, *From Empire to Nation*, Cambridge, Mass., University Press, 1960

79. ERIKSON, Erik H., *Identity: Youth and Crisis*, New York, Norton, 1968
80. ESCARPIT, Robert, *Gascogne – pays, nation, région?*, Paris, Entente, 1982
81. ETIENNE Jean, MANDRAS Henri, *Les grands auteurs de la sociologie*, Paris, Hâtier, 1999
82. FAOU, Ronan, *1000 devises de l'armée de terre*, Panazol, Lavauzelle, 2004
83. FERRARI, Giuseppe *Alle origine del federalismo italiano*, Bari, Dedalo, 1996
84. FICHTE, Johann-Gottlieb, *Discours à la nation allemande*, Paris, Imprimerie Nationale, 1992
85. FINKIELKRAUT, Alain, *Comment peut-on être Croate?*, Paris, Gallimard, 1992
86. FOUGUEYROLLAS, Pierre, *La nation. Essor et destin des sociétés*, Paris, Fayard, 1987
87. FRANK, Robert (dir.), *Les identités européennes au XXème siècle. Diversités, convergences, solidarités*, Paris, Presses de la Sorbonne, 2004
88. FREUND, Julien, *L'essence du politique*, Paris, 3e éd., Paris, Dalloz, 1994
89. FUKUYAMA, Francis, *State Building. Souveraineté et ordre du monde au XXIe siècle,* Paris, La Table Ronde, 2005
90. FURET, François (dir.), *L'héritage de la Révolution française*, Paris, Hachette, 1989
91. FURET, François, OZOUF, Mona, "Deux légitimations historiques de la société française au XVIIIe siècle" in *Annales E.S.C.*, 1979
92. GALICE, Gabriel, *Du peuple-nation*, Lyon, Ed. Mario Mella, 2002
93. GAUCHET, Marcel, *Le désenchantement du monde : une histoire politique de la religion*, Paris, Gallimard, 1985

94. GEERTZ, Clifford (ed.), *Old Societies and New States. The Quest for Modernity in Asia and Africa*, New York, Free Press, 1963
95. GELLNER, Ernst, *Nations and Nationalism*, Oxford, Blackwell, 1983
96. GENET, René, *L'avènement de l'école contemporaine en France 1789-1835 : laïcisation de la culture scolaire*, Villeneuve d'Ascq, Presses Universitaires du Septentrion, 2001
97. GEREMEK, Bronislaw, « Etat et nation dans l'Europe du XXe siècle » in FURET, François (dir.), *L'héritage de la Révolution française*, Paris, Hachette, 1989
98. GIDDENS, Anthony, *Modernity and Self-Identity: Self and Society in the Late Modern Age*, Polity Press, Cambridge, 1991
99. GIRARDET, Raoul, *Nationalismes et nation*, Bruxelles, Ed. Complexe, 1996
100. GODELIER, Maurice, *The Enigma of the Gift*, Polity Press, Cambridge, 1999
101. GRASS, Alain, YOTTE, Yannick (coord.), *Sociologie-ethnologie. Auteurs et textes fondateurs*, 4e éd., Paris, Presses de la Sorbonne, 2004
102. GREEN, Alan, *Education and State Formation. The Rise of Education Systems in England, France, and the USA*, London, Macmillan, 1992
103. GREENFELD, Liah, *Nationalism: Five Roads to Modernity*, Cambridge, Mass., Harvard University Press, 1992
104. GROPPI, Tania, *Il federalismo*, Roma. Bari, Ed. Laterza, 2004
105. GRUSON, Pascale, *L'Etat enseignant*, Paris, EHESS, 1978
106. GRUZINSKI, Serge, *La guerre des images. De Christophe Colomb à Blade Runner 1492-1992*, Paris, Fayard, 1990

107. GRUZINSKI, Serge, *La pensée métisse*, Paris, Fayard, 1999
108. GUIBERNAU, Monserrat, HUTCHINSON, John, *History and National Destiny*, Oxford, Blackwell, 2004
109. GUILHAMOU, Jean, *Sieyès et l'ordre de la langue, l'invention de la politique moderne*, Paris, Kimé, 2002
110. GUINCHARD, Jean-Jacques, *Eléments pour une théorie de la nation*, Paris, Communications, 1987
111. GUIOMAR, Jean-Yves, *L'idéologie nationale. Nation. Représentation. Propriété*, Paris, Ed. Champ Libre, 1974
112. GUIOMAR, Jean-Yves, *La Nation entre l'histoire et la raison*, Paris, La Découverte, 1990
113. GURREAU, Alain, *Le féodalisme : un horizon théorique*, Paris, Le Sycomore, 1980
114. HABERMAS, Jürgen, *The Structural Transformation of the Public Sphere: An Inquiry into a Category of Bourgeois Society*, Cambridge, MIT Press, 1991
115. HABERMAS, Jürgen, *Apres l'Etat-nation. Une nouvelle constellation politique,* Paris, Fayard, 2000
116. HASWELL, Jock, *The British Army: A Concise History*, London, Thames and Hudson, 1975
117. HAPT, Heinz-Gerhard (et al., ed.), *Regional and national identities in Europe in the XIXth and XXth Centuries*, The Haghe. London. Boston, Kluwer law international, 1998
118. HAUPT, Georges, LÖVI, Michael, WEILL, Claudie, *Les marxistes et la question nationale*, Paris, Maspero, 2000
119. HEGY, Peter, *Myths as Foundation for Society and Values. A Sociological Analysis*, Lewinston-Queenston-Lampeter, Edwin Mellen Press, 1992
120. HERMET, Guy, *Histoire de la nation et du nationalisme en Europe*, Paris, Seuil, 1996

121. HOBSBAWN, Eric, *Nations and Nationalism since 1780. Programme, Myth, Reality*, Cambridge, Cambridge University Press, 1990
122. HOBSBAWN, Eric, RANGER, T., *The Invention of Tradition*, London, Cambridge University Press, 1983
123. HOLLFIELD, James F., *L'immigration et l'Etat-nation. A la recherche d'un modèle national*, l'Harmattan, 1997
124. HOSKING, Geoffrey, SCHOPFLIN, George (eds.), *Myths and Nationhood*, London, Hurst and Company, 2002
125. HROCH, Miroslav, *Social Preconditions of National Revival in Europe*, Cambridge, University Press, 1985
126. HUME, David, *Ecrits politiques*, Paris, Vrin, 1972
127. HUNTINGTON, Samuel, *Political Order in Changing Societies*, Princeton, University Press, 1968
128. HUNTINGTON, Samuel, *Qui sommes-nous ? L'identité nationale et le choc des cultures*, Paris, Odile Jacob, 2004
129. IORGA, Nicolae, *Histoire des Roumains et de leur civilisation*, Henry Paulin, Paris, 1920
130. JAMES, Paul, *Nation Formation. Towards a Theory of Abstract Community*, London, Sage Publications, 2002
131. JAMES, Paul, NAIRN, Tom, *Global-Matrix: Nationalism, Globalism, and State Terrorism*, London, Pluto Press, 2005
132. JAMES, Paul, *Globalism, Nationalism, Tribalism: Bringing Theory Back In*, London, Sage Publication, 2005
133. KANTOROWICZ, Ernst, *Mourir pour la patrie*, Paris, Presses Universitaires de France, 1984
134. KANTOROWICZ, Ernst, *Les deux corps du roi* in *Œuvres*, Paris, Gallimard, 2000
135. KATZENSTEIN, Peter J., *Beyond Power and Plenty*, Madison, Wisc., University Press, 1978

136. KEATING, Michael, *Les défis du nationalisme moderne. Québec, Catalogne, Ecosse*, Montréal, Les Presses de l'Université de Montréal, 1997
137. KEDOURIE, Eli, *Nationalism and Politics*, New York, Hutchinson, 1960
138. KELSEN, Hans, *Théorie pure du droit*, Paris, Sirey, 1962
139. KOHN, Hans, *Prelude to Nation States*, Princeton, University Press, 1967
140. KRATOCHWIL, Friedrich, *Rules, Norms, and Decisions: On the Conditions of Practical and Legal Reasoning in International Relations and Domestic Affairs*, Cambridge, University Press, 1989
141. KRULIĆ, Brigitte, *La Nation, une idée moderne*, Paris, Ellipses, 1999
142. LACOSTE, Yves, *Vive la nation! Destin d'une idée géopolitique*, Paris, Fayard, 1997
143. LAFONT, Robert, *La Nation, L'Etat, les régions*, Paris, Berg International, 1993
144. LAPIERRE, Jean-William, *Le pouvoir politique et les langues. Babel et Léviathan*, Paris, Presses Universitaires de France, 1989
145. LEFEBVRE, Henri, *Le nationalisme contre les nations*, Paris, Méridiens Kincksieck, 1988
146. LEJEUNE, Jean, *Liège et son pays, naissance d'une patrie*, Liège, Presses Universitaires, 1948
147. LEVI, Margaret, "Historical Processes and Analytical Narratives" in Renate MAYNTZ (Hg), *Akteure-Mechanismen-Modelle Zur Theoriefahigkeit makrosozialer Analysen,* Frankfurt am Mein, Campus Verlag, 2002
148. LIPIANSKY, Edmond-Marc, *Identités et communication*, Paris, Presses Universitaires de France, 1992

149. LIPIANSKY, Edmond-Marc, *L'identité française: représentations, mythes, idéologies*, Paris, L'Espace européen, 1991
150. LIPSET, Seymour Martin, *The First New Nation. The United States in Historical and Comparative Perspective*, New York, Basic Books, 1963
151. MAFFESOLI, Michel, *Le temps des tribus. Le déclin de l'individualisme dans la société post-moderne*, ed. a 3-a, Paris, La Table Ronde, 2000
152. MANAGANARO FAVARETTO, Gilda, « De l'idée de nation au moment de la formation de l'Etat italien » in *Nation et République. Les éléments d'un débat*, Actes du colloque de Dijon (6-7 avril 1994) de l'Association française des historiens des idées politiques, Marseille, Presses Universitaires d'Aix-Marseille, 1995
153. MANGUENEAU, Dominique, *Les livres d'école de la République 1870-1914 (Discours et idéologie)*, Paris, Le Sycomore, 1979
154. MANN, Michael, *The Sources of Social Power*, vol. II: *The Rise of Classes and Nation-States*, Cambridge, University Press
155. MATTELART, Armand, *Histoire de l'Utopie Planétaire*, Paris, La Découverte, 1999
156. MARTELLI, Roger, *Comprendre la nation*, Paris, Ed. Sociales, 1979
157. MAURRAS, Charles, *Devant l'Allemagne éternelle. Gaulois, Germains, Latins. Chronique d'une résistance*, Paris, Editions du Capitole, 1937
158. MAUSS, Marcel, *Œuvres*, Paris, Minuit, 2001, vol. 2
159. MAZZINI, Giuseppe, *Opere*, vol. 2, Milano, Rizzoli, 1967
160. McLaughlin, Peter, "Functional Explanation" in Renate MAYNTZ (Hg), *Akteure-Mechanismen-*

Modelle Zur Theoriefahigkeit makro-sozialer Analysen, Frankfurt am Mein, Campus Verlag, 2002
161. McLUHAN, Marshall, *The Guttenberg Galaxy: The Making of the Typographic Man*, Toronto, University Press, 1962
162. MEAD, John Herbert *Mind, Self, and Society*, Chicago, University Press, 1934
163. MEINECKE, Friedrich, *Cosmopolitanism and the National State*, Princeton, University Press, 1970
164. MELINIO, Françoise, *Naissance et affirmation d'une culture nationale. La France de 1815 à 1880*, Paris, Seuil, 1998
165. MENY, Yves (travaux réunis pour Georges Lavau), *Idéologies, partis politiques et groupes de pression*, Paris, La Table Ronde, 1991
166. MEYER, Michel, *Questionnement et historicité*, Paris, PUF, 2000
167. MICHELET, Jules, *Précis de l'histoire moderne*, Paris, 1827
168. MICHELET, Jules, *Le Peuple*, Paris, Flammarion, 1979
169. MILL, John Stuart, *Utilitarianism, On Liberty and Considerations on Representative Government*, London, Dent, 1972
170. MILLER, David, *On Nationality*, Oxford, University Press, 1995
171. MITU, Sorin, *National Identity of Romanians in Transylvania*. Budapest and New York, Central European University Press, 2001
172. MONTAGON, Pierre, *Histoire de l'armée française : des milices royales à l'armée de métier*, Paris, Pygmalion, 1997
173. MONTBRON, Fougaret de, *Le Cosmopolite ou le citoyen du monde*, Bordeaux, Ducros, 1970

174. MORIN, Edgar, *Penser l'Europe*, Paris, Gallimard, 1987
175. MUSIL, Robert, *L'Homme sans qualités*, Paris, Éditions du Seuil, 1995
176. MOYTH, Alexander J. (ed. in chief), *Encyclopaedia of Nationalism*, vol. I., "Fundamental Themes", San Diego, Academic Press, 2001
177. NASH, Kate, SCOTT, Alan (eds.), *The Blackwell Companion to Political Sociology*, Oxford, Blackwell, 2004
178. NEUBURG, Victor E., *Popular Education in Eighteen Century England*, London, Woburn Press, 1971
179. NICOARĂ, Simona, *Naţiunea modernă. Mituri, Simboluri, Ideologii*, Cluj, Accent, 2002
180. NICOARĂ, Simona, NICOARĂ, Toader, *Mentalităţi colective şi imaginar social. Istoria şi noile paradigme ale cunoaşterii*, Cluj-Napoca, Presa Universitară Clujeană, 1996
181. NICOLET, Claude (dir.), *Democratia et aristokratia*, Paris, Presses de la Sorbonne, 1984
182. NICOLET, Claude, *Histoire, Nation, République*, Paris, Odile Jacob, 2000
183. NICOLET, Claude, *La fabrique d'une nation. La France entre Rome et les Germains*, Paris, Perrin, 2003
184. NOIRIEL, Gérard, *Etat, nation, immigration. Vers une histoire du pouvoir*, Paris, Belin, 2001
185. NORA, Pierre (dir.), *Les lieux de mémoire*, vol. II: *La Nation*, Paris, Gallimard, 1986
186. PAQUIN, Stéphane, *La revanche des petites nations. Le Québec, l'Ecosse et la Catalogne face à la mondialisation*, Paris, VLB Editeur, 2001
187. PARSONS, Talcott, *Societies: An Essay On Their Compared Evolution*, Chicago, MIT Press 1971
188. PATRICK, A. J., *The Making of a Nation 1603-1789*, London, Penguin Books, 1971

189. PENA, M. (et al.), *La symbiose de la modernité – République-Nation*, Aix-Marseille, Presses Universitaires d'Aix-Marseille, 1998
190. PERRIN, François, *Histoire d'une nation introuvable*, Bruxelles, P. Legrain, 1988
191. PONTEIL, Félix, *L'éveil des nationalités et le mouvement libéral 1815-1848*, Paris, Presses Universitaires de France, 1960
192. RAE, Heather, *State Indentities and the Homegenisation of Peoples*, Cambridge, The Syndicate of the Press of the University of Cambridge, 2002
193. REAU, Louis, *L'Europe française au siècle des Lumières*, Paris, Albin Michel, 1951
194. REICHER, Steve, HOPKINS, Nick, *Self and Nation: Categorization, Contestation and Mobilization*, London, Sage Publications, 2001
195. RENAN, Ernest, *Qu'est-ce qu'une nation? Et autres essais politiques*, Paris, Presses Pocket, Agora, 1992
196. RENNER, Karl, *La Nation, mythe et réalité*, Nancy, Presses Universitaires, 1998
197. RICOEUR, Paul, *L'Idéologie et l'utopie*, Paris, Seuil, 1997
198. RINGER, Fritz K., *Education and Society in Modern Europe*, Bloomington, Ind., Indiana University Press, 1979
199. RINGROSE, Marjorie, LERNER, Adam J. (eds.), *Remaking the Nation*, Buckingham. Philadelphia, Open University Press, 2000
200. ROGER, Antoine, *Les grandes théories du nationalisme*, Paris, Armand Colin, 2001
201. ROKKAN, Stein, "Dimensions of State Formation and Nation-Building: A Possible Paradigm for Research on Variations within Europe" in TILLY, Charles (ed.),

The Formation of National States in Western Europe, Princeton, University Press, 1975
202. ROKKAN, Stein, "Territories, Centres and Peripheries: Toward a Geoethnic- Geoeconomic- Geopolitical Model of Differentiation within Western Europe" in Jean GOTTMANN (ed.), *Centre and Periphery. Spatial Variations in Politics*, London, Sage Publications, 1980
203. ROSENAU, James, *The Adaptation of National Societies: A Theory of Political System Behavior and Transformation*, New York, Free Press, 1970
204. ROTELLI, Ettore, *L'eclissi del federalismo. Da Cattaneo al partito d'azione*, Bologna, Il Mulino, 2000
205. ROUSSEAU, Jean-Jacques, *Du Contract social* in *Oeuvres Complètes,* vol. III, Paris, Gallimard, 1975
206. RUPINIK, Jacques, *Le déchirement des nations*, Paris, Seuil, 1995
207. SABOURIN, Paul, *L'Etat-nation face aux Europes*, Paris, Presses Universitaires de France, 1994
208. SANTAMARIA, Yves, WACHE, Brigitte, *Du printemps des peuples à la Société des nations. Nations, nationalités et nationalismes en Europe 1850-1920*, Paris, La Découverte, 1996
209. SCHMITT, Carl *La notion de politique. Théorie du partisan*, Paris, Flammarion, 1992
210. SCHNAPPER, Dominique, *La communauté des citoyens. Sur l'idée moderne de nation*, Paris, Gallimard, 1994
211. SCHNAPPER, Dominique *La relation a l'autre. Au coeur de la pensée sociologique*, Paris, Gallimard, 1998
212. SCHNAPPER, Dominique, "Sur les conditions de possibilité d'une sociologie de la nation" in SFEZ, Lucien (dir.), *Conférences de l'Ecole doctorale de*

science politique (2001-2003), Paris, Presses de la Sorbonne, 2004
213. SCHRADER, François-Emile, *L'Allemagne avant l'Etat-nation, le corps germanique 1648-1806*, Paris, Presses Universitaires de France, 1998
214. SCHULZE, Hagen, *Etat et nation dans l'histoire de l'Europe*, Paris, Seuil, 1996
215. SETON-WATSON, Hugh, *Nations and States*, London, Methum, 1977
216. SHAFER, Boyd C., *Le nationalisme, mythe et réalité*, Paris, Payot, 1964
217. SKOCPOL, Theda (1985): "Bringing the state back in: Strategies of Analysis in current research", in Peter EVANS, (et al.), *Bringing the state back in*, Cambridge, University Press, 1998, pp. 1-20
218. SLIMANI, Ahmed, *La modernité du concept de nation au XVIIIe siècle (1715-1789) : apports des thèses parlementaires et des idées politiques du temps*, Marseille, Presses Universitaires d'Aix-Marseille, 2004
219. SMITH, Anthony D., *The Ethnic Revival in the Modern World*, Cambridge University Press, Cambridge, 1981
220. SMITH, Anthony D., *The Ethnic Origins of Nations*, London. New York, Blackwell, 1986
221. SMITH, Anthony D., *National Identity*, Penguin Books, 1991
222. SMITH, Anthony D., *Nations and Nationalism in Global Era*, Cambridge, University Press, 1995
223. SOUBIER-PINTER, Line, LE GOFF, Jacques, *Au-delà des armées : le sens des traditions militaires*, Paris, Imprimerie nationale, 2001
224. SPENCER, Herbert, *Nationality and Its Problems*, New York, 1919

225. STEVENS, Jacqueline, *Reproducing the State*, Princeton, University Press, 1999
226. SURETEAU, Jean-Michard, *L'idée nationale de la Révolution à nos jours*, Paris, Presses Universitaires de France, 1972
227. SZEGEDI, Edit, *Tradiție și inovație în istoriografia săsească între baroc și iluminism*, Cluj, Casa Cărții de Știință, 2004
228. TAGUIEFF, Pierre-André, *La République enlisée. Pluralisme, « communautarisme », citoyenneté*, Paris, Edition de Syrtes, 2005
229. TAMIR, Yael, *Liberal Nationalism*, Princeton, University Press, 1993
230. TAYLOR, Charles, *Sources of the Self. The Making of Modern Identity*, Cambridge, University Press, 1989
231. THELEN, Kathleen, "The Explanatory Power of Historical Institutionalism" in Renate MAYNTZ (Hg), *Akteure-Mechanismen-Modelle Zur Theoriefahigkeit makro-sozialer Analysen,* Frankfurt am Mein, Campus Verlag, 2002
232. THIESSE, Anne-Marie, *La création des identités nationales. Europe XVIIIe-XXe siècles,* Paris, Seuil, 1999
233. TILLY, Charles (ed.), *The Formation of National States in Western Europe*, Princeton, University Press, 1975
234. TILLY, Charles, *Contrainte et capital dans la formation de l'Europe 990-1990*, Paris, Aubier, 1992
235. TÖNNIES, Ferdinand, *On Sociology: Pure, Applied, and Empirical*, Chicago, Chicago University Press, 1971
236. TONKIN, Elizabeth, McDONALD, Marion, CHAPMAN, Malcolm (eds.), *History and Ethinicity*, London, Routledge, 1989

237. TOUATI, Armand, *La nation, la fin d'une illusion?*, Paris, Desclée de Brouwer, 2000
238. TRIANDAFYLLIDOU, Anna, *When is Nation? A Theoretial and Empirical Enquiry*, International Students Association Conference, Los Angeles, California, Mars 2000
239. TREITSCHKE, Carl Georg [von], *Deutschland in Schlaf*, Hidelsheim, G. Ohus Verlag, 1996
240. VAISSE, Maurice, *Aux armes, citoyens! : conscription et armée de métier des Grecs à nos jours*, Paris, Acolin, 1998
241. VAN DEN BERGHE, Pierre, *The Ethnic Phenomenon*, New York, NY Printers, 1981
242. VAN HAM, Peter, *Identity beyond the State: The Case of the European Union*, Copenhagen Peace Research Institute, 2000
243. VILAR, Pierre, « Patrie et nation dans le vocabulaire de la guerre de l'indépendance espagnole » in *Annales historiques de la Révolution française*, octobre-décembre 1980
244. VINCENT, Jean-Marie, *Max Weber ou la démocratie inachevée*, Ed. du Félin, 1998
245. WATKINS, S. C., *From Provinces into Nations. Demographic Integration in Western Europe 1870-1960*, Princeton, University Press, 1991
246. WEBER, Eugen, *From Peasants into Frenchmen. The Modernization of Rural France 1870-1914*, Stanford, University Press, 1976
247. WEBER, Max, *Economie et société*, Paris, Gallimard, 1988
248. WEDGWOOD, Cecily Veronica, *Guillaume le Taciturne*, Paris, Jules Talandier, 1978
249. WEHLER, Hans-Ulrich, *Deutsche Historiker - German Historians*, Göttingen, Vandenhoech und Ruprecht, 1973

250. WEIL, George, *L'Europe du XIXe siècle et l'idée de nationalité*, Paris, 1938
251. WENDT, Alexander, *The Social Theory of International Politics*, Cambridge, Cambridge University Press, 1993
252. WIENER, Philip P. (ed. in chief), *Dictionary of the History of Ideas*, New York, Charles Scriber's Sons, 1973
253. WILS, Lode, *Histoire des Nations belges*, Louvain, Quorum, 1996
254. WOLTON, Thierry, *Rouge-brun, le mal du siècle*, Paris, Lattès, 1999
255. WOLTON, Thierry, *La fin des nations*, Paris, Plon, 2002
256. YARDENI, Myriam, *La conscience nationale en France pendant les Guerres de religion*, Paris-Sorbonne, Nauwelaert, 1971
257. YUVAL-DAVIS, Nira, *Gen și națiune*, București, Univers, 2003
258. YOVANOVITCH, Milo, *La Guzla de Prospère Merimée*, Paris, Plon, 1988
259. XXX, *A l'école de la République : le Tour de la France par deux enfants*, Paris, Bibliothèque Nationale de France
260. XXX, *Dictionnaire de l'ethnologie et de l'anthropologie*, Paris, Presses Universitaires de France, 1992
261. XXX, *Dictionnaire du Moyen Age français*, La Renaissance: V. Nation, Paris, Larousse, 1992
262. XXX, *Economies et sociétés du Moyen Age. Mélanges offerts à Edouard Perroy*, Paris, Presses de la Sorbonne, 1973
263. XXX, *Nation et République. Les éléments d'un débat*, Actes du colloque de Dijon (6-7 avril 1994) de l'Association française des historiens des idées

politiques, Marseille, Presses Universitaires d'Aix-Marseille, 1995

II. Articles

1. CAVALLI, Alessandro, "National Identity and the Sense of State: the Case of Italy" in *The International Spectator,* vol. 33, n° 1, 1998
2. CONFINO, Alon, SKARIA, Ajay, "Viewed from the Locality: The Local, National and Global" in *National Identities*, vol. 4, n° 1, 2002
3. CONNOR, Walker, "The nation is a Nation, is a State..." in *Ethnic and Racial Studies* n° 1, 1978
4. DUCHESNE, Sophie, « L'attachement à la nation ouvre la voie à l'identité européenne » in *Le Monde*, 28 mai 1999
5. FONCIN, Antoine, « Maurras et la nation » in *Sœur de l'Ange,* n° 2, 2004
6. GUILLAUMIN, Collette, POLIAKOV, Léon, "Max Weber et les théories bioraciales du XXe siècle" in *Cahiers internationaux de sociologie*, vol. 56, 1974
7. HANDLER, Richard, "What is New about Culture in the Postnational World?" in *National Identities*, vol. 4, n° 1, 2002
8. KAY, Howard, "A False Covergence: Freud and the Hobbesian Problem of Order", *Sociological Theory*, n° 9, 1991
9. KRASNER, Stephen, "Sovereignty: A Comparative Perspective" in *Comparative Political Studies* n° 21 (1), 1988
10. KRATOCHWILL, Friedrich, "On Systems, Boundaries, and Territoriality: An Inquiry Into the State System" in *World Politics*, vol. 39, n° 1, 1986
11. KRISTOF, Ladis, "The State-Idea, the National Idea and the Image of the Fatherland" in *Orbis* n° 11, 1967

12. LE GOFF, Jacques, « L'Europe n'est pas vieille, elle est ancienne », *Libération*, 4 mai 2004
13. MAURRAS, Charles, « Nationalité, nature et société » in *Action française*, 23 juillet 1916
14. MEYER, John F., BOLI, John, THOMAS, George M., RAMIREZ, Francisco O., "World Society and the Nation State" in *American Journal of Sociology*, Vol. 103, n° 1, July 1997
15. MIŞCOIU, Sergiu, "The False Assumption of an Opposition between the National and the European Self-Identifications" in Grigore Vasilescu (ed.), *Philosophy of European Unification*, Chişinău, Jean Monnet Chair Project, 2004
16. MIŞCOIU, Sergiu, « Le libéralisme contre la nation : une fausse route de l'analyse historique » in *Politeia* (Revue de l'Association fraçaise des auditeurs internationaux de droit constitutionnel) n° 7, 2005
17. MIŞCOIU, Sergiu, « Habitus et Agence dans le modelage théorique des formations des nations en Europe » in *Studia Europaea* n° 2, 2008
18. PAREKH, Bhikhu, "The Concept of National Identity" in *New Community*, n° 21 (2), 1995
19. PECICAN, Ovidiu. *Miturile originii la români (Les mythes de l'origine chez les Roumains)*, in *AC*, n° 2/1998
20. REIS, Elisa P., "The Lasting Mariage between Nation and State despite Globalisation" in *International Political Science Review*, vol. 25, n° 3, 2004
21. RENAUT, Alain, « La nation entre identité et différence » in *Philosophie politique* n° 8, 1997
22. ROKKAN, Stein, « Le modèle géo-économique et géo-politique » in *Communications*, n° 45, 1991
23. ROSENFELD, Sophia, "Citizens of Nowhere in Particular: Cosmopolitanism, Writing, and Political Engagement in Eighteen Century Europe" in *National Identities*, vol. 4, n° 1, 2002

24. TAGUIEFF, Pierre-André, « Dissiper l'illusion multi-communautariste, défendre la nation civique » in *La Sœur de l'Ange*, n° 2, 2004
25. UMBACH, Maiken, "The Vernacular International: Heimat, Modernism and the Global Market in Early Twentieth-Century" in *National Identities*, vol. 4, n° 1, 2002
26. VAN DEN BERGHE, Pierre, "Race and Ethnicity: A Sociobiological Perspective", *Ethnic and Racial Studies* 1, n° 4, 1978
27. WALZER, Michael, "Le nouveau tribalisme", in *Esprit*, novembre 1992
28. XXX, *Nations and Nationalism*, Journal edited by Anthony SMITH, Oxford, Blackwell, vol. 11, 2005

III. Sources internet

1. EMIRBAYER, Mustafa, MISCHE, Ann, *What is Agency?* Center for Study and Social Change, 1995,[www.ciaonet.org/wps/emm02/#12b]
2. HALL, Bruce Rodney (ed.), *National Collective Identity: Social Constructs and International Systems,* Columbia University Press, 1999, cap. II, p. 8, [www.ciaonet.org/book/hall]

IV. Documents archivés dans des bibliothèques

1. CAPELLE-POGACEAN, Antonela, *Représentations de la Nation chez les intellectuels hongrois et roumains : origines historiques et idéologiques*, IEP, Paris, 2002, Bibliothèque de Science Po, cota TH-COL 4 3656 (551)
2. LOCKE, John, *Du gouvernement civil*, trad. fr. orig., London, 1783, Bibliothèque Nationale de France

3. GIOBERT Vincenzo, *Del primate morale e civile degli Italiani*, Padova, 1880, Bibliothèque Nationale de France
4. MIRABEAU, Marquis de, *L'ami des hommes,* Paris, 1755, Bibliothèque Nationale de France
5. PETRICEICU-HASDEU, Bogdan, „*Studii asupra iudaismului". Talmudul ca profesiune de credință a poporului israelit*, București. Tipografia Theodor Vaidescu, 1866
6. SIEYES, Emmanuel-Joseph, *Qu'est-ce que tiers état?*, janvier 1789, Bibliothèque Nationale de France, cota: L3^{39} 1086 C
7. XXX, *Archives de la Maison d'Orange*, Leyde, Ed. G. Groen van Primeterer, 1841
8. XXX, *Recueil général des anciennes Lois françaises*, Bibliothèque de l'Assemblée Nationale, Paris
9. XXX, *Guide de l'Emploi des Questions du Voyageur Patriotique*, Archives nationales de France, Grande Bibliothèque

TABLE DES MATIERES

INTRODUCTION 9

QUELLE THEORIE POUR LA NATION ? UN DEBAT THEORIQUE ET METHODOLOGIQUE 13

Le pérennalisme 25
Le modernisme 47
Par-delà le pérennalisme et le modernisme 65

LA THÉORIE DE LA NATION COMME IDENTITÉ COLLECTIVE 71

Types d'identités sociales 79
L'organisation politique : les sociétés traditionnelles 95
L'organisation politico-identitaire : les sociétés modernes 105
L'Angleterre 126
La France 132
Etat et nation 143
Les institutions de la nation 151
Local, régional, national. Les modèles de l'intégration nationale 163

CONCLUSIONS 177

BIBLIOGRAPHIE 183

L'HARMATTAN, ITALIA
Via Degli Artisti 15 ; 10124 Torino

L'HARMATTAN HONGRIE
Könyvesbolt ; Kossuth L. u. 14-16
1053 Budapest

L'HARMATTAN BURKINA FASO
Rue 15.167 Route du Pô Patte d'oie
12 BP 226 Ouagadougou 12
(00226) 76 59 79 86

ESPACE L'HARMATTAN KINSHASA
Faculté des Sciences Sociales,
Politiques et Administratives
BP243, KIN XI ; Université de Kinshasa

L'HARMATTAN GUINEE
Almamya Rue KA 028 en face du restaurant le cèdre
OKB agency BP 3470 Conakry
(00224) 60 20 85 08
harmattanguinee@yahoo.fr

L'HARMATTAN COTE D'IVOIRE
M. Etien N'dah Ahmon
Résidence Karl / cité des arts
Abidjan-Cocody 03 BP 1588 Abidjan 03
(00225) 05 77 87 31

L'HARMATTAN MAURITANIE
Espace El Kettab du livre francophone
N° 472 avenue Palais des Congrès
BP 316 Nouakchott
(00222) 63 25 980

L'HARMATTAN CAMEROUN
Immeuble Olympia face à la Camair
BP 11486 Yaoundé
(237) 458.67.00/976.61.66
harmattancam@yahoo.fr

L'HARMATTAN SÉNÉGAL
« Villa Rose », rue de Diourbel X G, PointE
BP 45034 Dakar FANN
(00221) 33 825 98 58 / 77 242 25 08
senharmattan@gmail.com

523425 - Mars 2013
Achevé d'imprimer par